KARMA

ODER WISSEN, WIRKEN UND WERDEN

© Copyright: Irene Huber, Graz 2008
Verlag: Edition Geheimes Wissen
Internet: www.geheimeswissen.com
E-Mail: www_geheimeswissen_com@gmx.at

ISBN 978-3-902677-31-0

MIT PRAKTISCHEN ANWEISUNGEN ÜBER DIE OKKULTE WISSENSCHAFT FÜR ALLE DIE NICHT NUR WISSEN SONDERN AUCH WERDEN WOLLEN

VON

DR. FRANZ HARTMANN

INHALT:

I. EINLEITUNG

„Das eben ist der Fluch der bösen Tat.
Das sie fortwährend Böses muss gebären."
Schiller (Tell).

Das Wort Karma (Sanskrit) bedeutet »Handlung« oder »Tätigkeit«, und wenn vorn »Gesetze des Karma« die Rede ist, so ist damit nichts anderes gemeint, als das allgemeine Naturgesetz, demzufolge jede Tätigkeit eine Ursache ist, die bestimmte Folgen hat, und aus diesen Folgen entstehen neue Ursachen zu entsprechenden Tätigkeiten oder Handlungen; und so fort ins Unendliche, bis wieder die völlige Ruhe eintritt in der alle Tätigkeit aufhört. Jedes individuelle Ding, sei es ein Atom, ein Mensch, ein Volk, eine Welt oder ein Sonnensystem hat deshalb sein Karma, oder mit anderen Worten, seine aus natürlichen Ursachen und Folgen zusammengesetzte Lebensgeschichte, deren Ereignisse nicht aus einer Reihe von Zufälligkeiten bestehen, sondern wobei das Eine aus dem Andern entspringt; und da nichts in der Welt vereinzelt dasteht, sondern jedes Einzelne mit dem Ganzen zusammenhängt, so ist auch das Karma des Einzelnen mit dem Karma des Ganzen verbunden und das Karma des Ganzen hängt von den Handlungen der einzelnen Glieder ab; beide bedingen sich gegenseitig. Jeder Organismus sei es ein menschlicher, gesellschaftlicher, kirchlicher, staatlicher, oder die ganze Menschheit zusammengenommen, kann als ein »Ich« betrachtet werden, das als solches will, denkt und handelt, und dadurch Ursachen schafft, die sein Wollen, Denken und Handeln für die nächste Zukunft und damit auch sein »Schicksal« bestimmen; nur das Selbstlose handelt nicht und hat daher auch kein eigenes Karma; da es keine eigene Individualität hat, so kann es auch nichts tun, das dieser nicht vorhandenen Individualität Eigenschaften verleihen oder ihm Glück oder Unglück bringen würde. Das Selbstlose aber ist GOTT, d. h. der durch die wahre Erkenntnis vom Selbstwahne erlöste und freie Wille, in welchem kein Begriff der Getrenntheit von der Einheit des Ganzen mehr existiert. Ein Organismus schafft sich sein Karma, solange er in Tätigkeit ist; und desgleichen das Selbst, das durch diesen Organismus wirkt. Wenn aber durch diesen Organismus nicht der eigene Wille, sondern die über alle Selbstheit erhabene Weisheit wirkt, so ist keine Eigenheit vorhanden, die sich Gutes oder Böses zuziehen könnte; sondern das Gute selbst, das an keinen Selbstwahn gebunden ist, wirkt in ihm, und da kann von keiner Rückwirkung auf dieses nicht existierende »Selbst« die Rede sein.

Das innerste Wesen des Menschen ist der Wille; dieser kann gut oder schlecht oder nur unbewusst sein, und demgemäß werden seine Handlungen entweder der Erkenntnis, der Leidenschaft oder der Unwissenheit entspringen, die also für die Handlungen verantwortlich sind; er selbst ist nur deren Folgen unterworfen, insofern jene Eigenschaften seine eigenen sind, oder mit anderen Worten, solange er sich mit einer derselben identifiziert. Geht seine Handlungsweise aus seiner Unwissenheit hervor, so ist er dafür nicht verantwortlich, wenn auch sein Körper, das Werkzeug, wodurch er handelte, die Folgen seiner Handlungen büßen muss; denn die Unwissenheit ist ein negativer Begriff, ein Nichts, und hat keine Verantwortung. Geht seine Handlungsweise aus der Leidenschaft hervor, so hat er die Folgen davon zu tragen, insofern als diese Leidenschaft seine eigene ist und er sich mit ihr identifiziert. Geht sie aus seiner eigenen Erkenntnis des Guten hervor, so werden ihm die Folgen seiner guten Handlungen zugute kommen. Handelt er aber in der Kraft der Erkenntnis in völligem Selbstvergessen und Selbstlosigkeit, so ist es die Kraft des göttlichen Geistes, die sein Bewusstsein erfüllt und durch ihn handelt und wirkt, und nicht seine eigene Persönlichkeit, und seine Persönlichkeit hat dann an diesen Handlungen keinen Teil; wenn es auch dabei nicht ausgeschlossen ist, dass für die Persönlichkeit, durch die aus reinem Pflichtgefühl selbstlose Taten geschehen, dadurch freudige oder schmerzliche Folgen entstehen. Der Mensch kann aus seinem, dem Eigendünkel entspringenden Eigenwillen, der eine Täuschung und deshalb eine Verkehrtheit ist, nichts zur Ehre Gottes tun; lässt er aber seinen Selbstwahn fallen und das in ihm erwachte Gottesbewusstsein ihn führen und durch ihn handeln, so verherrlicht Gott sich selber in ihm, ohne sein Zutun. Es ist nicht richtig zu sagen, dass ein solcher Mensch seine Pflicht erfüllt, denn er selber tut nichts dabei aus sich selbst, er ist nur das Werkzeug, durch das das, was geschehen soll und muss, sich erfüllt. Deshalb heißt es in der Bhagavad Gita:

»Tue, was getan werden soll, aber selbstlos und ohne persönliche Rücksicht. Wer völlig selbstlos handelt, der gelangt zum Alleinigen*).«

Ein Beispiel mag obiges erläutern: Nehmen wir einen Soldaten auf dem Schlachtfelde, so kann er aus dreierlei Ursachen handeln; nämlich aus Unwissenheit, wobei er nur ein blindes Werkzeug des Zwanges ist, aus Leidenschaftlichkeit oder aus Vaterlandsliebe. Kämpft er aber aus reinem selbstlosem Pflichtgefühl, so entspringt sein Tun nicht aus seinem eigenen Willen, sondern er handelt nach dem Gesetze der Pflicht.

Der erstere ist ein Dummkopf, der nur dem Gesetze der Notwendigkeit folgt; er schießt blindlings darauf los und hat dabei weder einen Nachteil noch ein moralisches Verdienst zu beanspruchen; er handelt nicht aus eigenem Antriebe, sondern als blindes Werkzeug des Willens seiner Vorgesetzten, und auf diese fällt die Verantwortlichkeit je nach dem Grade ihrer Erkenntnis und ihrer Beweggründe. Der zweite ist ein Werkzeug der Leidenschaft, die entweder aus eigenem nationalem Hass entsprungen ist oder sich infolge der ihn umge-

*) Bhagavad Gita. III, 19.

benden Stimmung seiner bemächtigt hat. Er sucht nicht nur seine Pflicht zu tun, sondern auch seinen eigenen Ehrgeiz oder seine eigene Mordlust zu befriedigen, und je mehr er sich seiner Leidenschaft hingibt und sich mit ihr identifiziert, um so mehr handelt er aus seinem Eigenwillen und macht die Leidenschaft zu seinem »Ich«. Wie der zweite aus eigenem Willen Böses zu tun sucht, so sucht der dritte aus eigenem Willen Gutes zu tun. ihn treibt die Vaterlandsliebe an, und indem er sich. mit ihr identifiziert, eignet er sie sich an und macht sie zu seinem »Ich«. Dabei handelt er dann aus eigenem Willen und schafft sich sein eigenes Karma, sei es gut oder schlecht. Der Soldat aber, der ohne an sich selbst zu denken und ohne selbstsüchtige Begierde nur danach trachtet, seine Pflicht zu erfüllen, handelt selbstlos; die moralischen und geistigen Folgen seiner Handlungen betreffen ihn nicht persönlich; das aber schützt ihn weder davor, an dem aus dem Kriege entspringenden Karma seiner Nation teilnehmen zu müssen, noch auch vor persönlichen Leiden durch Verwundung, Gefangenschaft usw. Der Selbstlose kann ebenso gut verwundet, gefangen oder getötet werden als der Dumme oder der Leidenschaftliche; denn die Person eines jeden ist ein äußerliches Ding und hängt mit äußerlichen Umständen zusammen. Dagegen wird die Rückwirkung auf den inneren Menschen, in Bezug auf dessen Moral und Denkweise, je nach dem Beweggrunde der Handlung, eine verschiedene sein; d. h. je nach der Quelle, aus der sein Wollen, Denken und Tun entsprang. Das Wollen, Denken und Tun eines Menschen ist aber gerade das, was ihn von anderen Menschen unterscheidet. Darin besteht seine Individualität und daraus folgt sein individuelles Handeln, folglich sein eigenes Karma. Damit ist aber auch gesagt, dass jeder Mensch selber sein eigenes Karma ist. Er ist die Summe der Eigenschaften, die er sich durch sein Wollen, Denken und Tun erworben hat, und aus dieser Summe werden Ursachen geboren, die sein Wollen, Denken und Tun bestimmen; sie besteht aus seinen Talenten und Fähigkeiten, die, wenn sich die Gelegenheit bietet, zum äußerlichen Ausdruck kommen, bei einem anderen aber, der sie nicht besitzt, sich nicht geltend machen können; denn der Mensch kann nichts tun, das über seine Kräfte geht; seine Handlungen sind ein Ausdruck seiner geistigen Kraft; was er nicht in sich hat, kann er nicht äußern, er handelt so, wie er ist.

Ehe wir zu einer Betrachtung der okkulten Kräfte, die an den Wirkungen des Karma beteiligt sind, schreiten, wird es geeignet sein, uns darüber klar zu werden, dass diese Wirkungen in nichts Fremdartigem ihre Ursache haben, sondern dass ihr Ursprung im Menschen selber zu finden ist:

Die bewegende Kraft im Menschen, in der sein Wollen, Denken und Können zusammengefasst ist, und die sein Tun und Lassen bestimmt, wird sein »Charakter« genannt. Emerson sagt darüber: »Es gibt Leute, in deren Gegenwart man stets das Gefühl hat, wenn man sie sprechen hört es müsse in ihnen etwas Feineres, Höheres sein, als alles, was sie aussprechen. Es gibt Menschen von großer Bedeutung und wenig Taten. Wir können kaum den kleinsten Teil vom Gewichte Washingtons in der Geschichte seiner Leistungen finden, und die Autorität, die der Name Schillers besitzt ist größer als seine Schriften. Der größte Teil der Kraft in solchen Personen ist latent. Das ist es, was man ihren Charakter nennt, eine aufgespeicherte Kraft, die unmittelbar und durch ihre bloße Gegenwart wirkt. Das reinste literarische Talent z. B. erscheint manchmal größer, manchmal geringer; aber der Charakter besitzt eine sternenhafte, unveränderliche Größe; er erficht seine Siege durch die bloße Demonstration seiner Überlegenheit, nicht durch das Kreuzen der Bajonette; er gewinnt, weil durch seine Ankunft die ganze Sachlage überhaupt eine andere wird. So brauchen Volksvertreter, die ihren Standpunkt zu behaupten wissen, nicht erst ihre Wähler zu fragen, was sie sprechen sollen, sondern sind selbst das Land, das sie vertreten.

»Dieselbe bewegende Kraft zeigt sich im Handel. Es gibt kaufmännische Genies, so gut wie kriegerische, staatsmännische oder wissenschaftliche; und über den Grund, weshalb der eine Glück hat und der andere nicht, lässt sich nichts anderes sagen als: »Es liegt in ihm. Sehet ihn an, und ihr werdet seinen Erfolg begreiflich finden.« Von der Natur selbst scheint der Handel autorisiert, sobald wir den natürlichen Kaufmann erblicken, der kaum mehr als ein privater Geschäftsmann, sondern als ihr Agent und Handelsminister erscheint. Ich sehe ihm an, wie viel feste sichere Akte er heute schon vollzogen hat, wie viel tapfere »Nein« an diesem Tage ausgesprochen wurden, wo andere ein verderbliches »Ja« gesprochen hätten. Auch ist er überzeugt, dass niemand ihn ersetzen kann, und dass ein Mensch für den kaufmännischen Beruf geboren sein muss, ihn nie erlernen kann.

»Die größte physische Kraft wird durch diese geistige Kraft paralysiert. Höhere Naturen überwältigen niedrigere, indem sie sie in einen gewissen Schlaf versetzen. Die Fähigkeiten werden gleichsam abgesperrt und leisten keinen Widerstand mehr. Charakter ist eine Naturkraft, wie Licht und Wärme, und die ganze Natur arbeitet mit ihr. Der Grund, weshalb wir die Gegenwart eines Menschen empfinden, und die eines anderen nicht, ist so einfach wie die Schwerkraft. Wahrheit ist der Gipfel des Seins; Gerechtigkeit ihre Anwendung auf die Lebensverhältnisse; alle individuellen Naturen stehen in einer Stufenleiter, geordnet nach der Reinheit, in der dieses Element sich in ihnen findet. Der Wille reiner Menschen strömt von ihnen herab auf Geringere, wie Wasser aus einem höheren Gefäß in ein tieferes herabfließt. Dieser Naturkraft lässt sich so wenig Widerstand entgegensetzen wie einer andern. Es ist das Vorrecht der Wahrheit, sich selbst Glauben zu verschaffen. Der Charakter ist dieses moralische Gesetz, durch das Medium individueller Naturen gesehen. Jedes Individuum ist ein Gefäß. Zeit, Raum, Freiheit, Notwendigkeit, Wahrheit und Ideen sind da nicht mehr im Freien. Die Welt wird ein Gehege, ein Pfandhaus. Das Universum steckt in dem Menschen, individuell gefärbt, je nach der eigentümlichen Art seiner Seele. Er schließt die Welt ein, wie ein Patriot sein Vaterland, als die materielle Basis seines Charakters, als den Schauplatz seines Tuns. Eine gesunde Seele verbindet sich mit dem Gerechten und Wahren, wie der Magnet sich nach dem Pole richtet, so dass er für alle Beschauer gleich einem transparenten Gegenstand zwischen ihnen und der Sonne steht, und wer immer sich auf die Sonne zu bewegt, sich auch zu ihm bewegen muss. So wird er das Medium des höchsten Einflusses für alle, die nicht auf derselben Höhe stehen. Unreine Menschen können eine Handlung nicht sehen, solange sie nicht vollzogen ist, und dennoch existierte das geistige Element der Handlung längst schon im Täter, und ihre Qualität als recht oder unrecht war leicht vorauszusagen. Alles in der Natur ist zweipolig, alles hat einen positiven und einen negativen Pol. Der Geist ist das positive, das Ereignis das negative Bild. Der Wille stellt den Nordpol, die Handlung den Südpol dar. Vom Charakter kann man sagen, dass er seine natürliche Stelle im Norden habe; er nimmt an den magnetischen Strömungen des ganzen Systems teil. Die schwachen Seelen werden vom südlichen, negativen Pol angezogen, sie fragen nach dem Nutzen oder Schaden, den eine Handlung bringt. Sie können ein Prinzip nicht wahr; nehmen, solange es nicht in einer Person verkörpert ist; sie wünschen nicht liebenswürdig zu sein, sondern geliebt zu werden. Der Held aber erkennt, dass der Erfolg etwas Knechtisches ist und ihm folgen muss. Aus jeder noch so glücklichen Lage kann der Geist des Guten fliehen; aber an manche Geister heftet sich das Glück und bringt Macht und Sieg als ihre natürlichen Früchte, welchen Lauf die Dinge auch nehmen mögen. Kein Wechsel der Verhältnisse kann einen Mangel im Charakter ersetzen. Charakter bedeutet Zentralität; die Unmöglichkeit, aus seiner Stelle gerückt oder gestürzt zu werden. All unser Tun muss mit mathematischer Genauigkeit auf unserem Wesen beruhen. Tatkräftiges Tun basiert nur auf Realität. Wir werden unsere Existenz stets hinausschieben müssen und den Boden, auf den wir ein Anrecht haben, nicht betreten, solange es nur ein Gedanke ist, der uns treibt, und nicht der G e i s t.«

Alles, was sich durch einen Menschen äußern soll, muss in ihm erst selber enthalten sein, und es kann nichts aus ihm herauskommen, das nicht bereits in ihm steckt. Es kann aber auch nichts in ihm stecken, als was vorher in ihn hineingekommen ist und sich in ihm entwickelt hat. Die »Geister«, die in ihm Fleisch und Blut geworden sind, stellen die Summe seiner individuellen Eigenschaften dar; sie sind sein Charakter, sein natürliches Selbst. Ein bloßer Gedanke ist noch kein Geist, ein bloßes Spiel der Phantasie ist noch kein tatkräftiger Wille; gute Vorsätze allein sind noch nicht genügend. Damit der Gedanke zum Geiste werde, muss er vom Willen durchdrungen sein; dann erst kann der Geist den Körper beherrschen und der Gedanke zur Tat werden. Durch die Einwirkung des Geistes auf die »Materie« wird die Materie zur Kraft, und somit stellt jeder einzelne Mensch nicht nur eine Summe von passiven Eigenschaften, sondern von aktiven physischen, seelischen und geistigen Kräften dar, durch die er befähigt wird, gewisse Handlungen, sei es bewusst oder unbewusst, zu vollbringen, die ein anderer, nicht so beschaffener Mensch, nicht ebenso auszuführen befähigt ist.

Somit können wir den natürlichen Menschen als ein ganzes Königreich von Geistern betrachten. Jede individuelle Kraft in ihm stellt einen Bewohner dieses Königreichs dar, der seinen eigenen Wirkungskreis hat; die physischen Kräfte wirken auf dem physischen Plane und stehen zu ihm in Beziehungen; die psychischen haben es mit der psychischen, die geistigen mit der geistigen Welt zu tun. Über allen aber steht der göttliche Geist, der, wenn er im Menschen zu dessen Selbstbewusstsein gekommen ist, alle diese Kräfte zu seinen Diensten verwenden kann, ohne deshalb selbst aus seiner Ruhe zu kommen*); wie ja auch die Sonne im Mittelpunkte unseres Sonnensystems durch ihre Kraft alles Leben in unserer Welt in Bewegung setzt, ohne selbst am Spiele der Schatten

---

*) Bhagavad Gita. III, 15.

teilzunehmen. Unbewegt steht sie am Himmel und verfolgt ihren eigenen Lauf, und dennoch entfaltet sie durch ihr Licht ihre Herrlichkeit auf der Erde. In jeder Blume wird ihre Schönheit offenbar, und sie freut sich der Pracht, die durch sie zur Entfaltung kommt.

So ist auch der in Wahrheit seiner selbstbewusste, sich selbst erkennende Mensch Herr seiner Kräfte; er sendet sie aus, um für ihn Dienste zu verrichten, nimmt aber selbst keinen Anteil daran und gebt nicht in ihnen auf; aber der Mensch, in dem dieser über alles Karma, d. h. über alles Handeln erhabene Zustand dieses Selbstbewusstseins noch nicht eingetreten ist, der sich noch nicht in dem Zustande der ewigen Ruhe befindet, sondern von Lust und Schmerz bewegt wird, der nimmt an dem Spiele seiner Kräfte teil und identifiziert sich mit ihnen. Er wird dadurch identisch nut seiner Natur und teilt deren Schicksal, er wird selbst das Opfer der Kräfte und Eigenschaften, die er besitzt, und hat mit ihnen die Folgen der Ursachen zu tragen, die durch sie erzeugt worden sind, seien sie nun angenehmer oder unangenehmer Natur. Der vom Wahne der »Eigenheit« befangene Mensch wird von den in ihm wirkenden Naturkräften getrieben; er ist mit seinen Empfindungen und Vorstellungen identifiziert und glaubt aus freiem Willen zu handeln, während er doch nur der Knecht der in ihm fleischgewordenen Willensformen ist; der über die Naturkräfte erhabene göttliche Mensch handelt nicht »selbst«; er steht in seinem Selbstbewusstsein über seiner Natur, wie die Sonne über der Erde; er erkennt, dass er selbst der unbeteiligte Zuschauer ist, und sagt sich: »Diese Kräfte folgen ihrem Gesetze.« *)

Er erkennt Gott in allem; d. h. er erkennt sein eigenes innerstes Wesen in sich selbst und in allen Geschöpfen, und nimmt deshalb am Leben, an den Leiden und Freuden aller dieser Erscheinungen teil, ohne deshalb davon berührt zu werden; so wie die Sonne nicht davon berührt wird, ob ihr

---

*) Bhagavad Gita. XIV, 23.

Licht in einem Diamanten funkelt oder in eine Schmutzlache scheint. Er bleibt ewig unbewegt, und doch bewegt er alles in seiner Natur.*)

Der Geist Gottes im Menschen, der des Menschen wahres Selbst ist, handelt nicht selbst und ist über alles Karma erhaben; aber der irdische Mensch ist an sein Scheinselbst gebunden; er lebt mit und in den »Geistern«, aus denen seine Natur zusammengesetzt ist, und teilt deren Schicksal. Jede dieser Kräfte kehrt, wie alles in der Welt, schließlich zu dem Ursprunge, aus dem sie geboren wurde, zurück, und so kommt es, dass das ausgeübte Gute dem Menschen gute Eigenschaften verleiht und ihm dadurch Gutes bringt, während die ausgeübten bösen Taten ihn mit schlimmen Eigenschaften versehen und ihm Böses bringen. Das Gute sowie das Böse, das der Mensch ausübt, wird, wenn es häufig wiederholt wird, zu seiner »zweiten« Natur. Was er zuerst vorsätzlich tat, geschieht später instinktmäßig und ohne bewusstes Wollen. Wer von Natur freigebig ist, braucht sich nicht bei jedem Akte der Wohltätigkeit erst zu entschließen und sich dazu aufzuraffen; er tut das Gute, ohne dass er es selber weiß. Wer Böses ausübt, dem wird es am Ende zur Gewohnheit, die er nicht lassen kann; seine Gegenwart stößt jedermann ab, er findet überall Hindernisse und Schwierigkeiten, wo ein edler Charakter immer erfolgreich ist. Die Summe der Eigenschaften, die ein Mensch sich während seines Daseins auf der Erde erworben hat, bildet die Summe der Kräfte, mit der er sein neues Dasein beginnt; seine Talente und Fähigkeiten, sein Glück oder sein Unglück. So kommt es, dass das Gute sich selber belohnt, und das Schlechte sich selber bestraft.

Betrachten wir die Bewohner der kleinen Welt, die der »Mensch« genannt wird, so finden wir, dass sie aus drei verschiedenen Kategorien bestehen, nämlich die körperlichen, die psychischen und die geistigen Kräfte. Stirbt der Körper des Menschen, so zerfällt er in seine physischen Elemente,

---

*) Bhagavad Gita. XIII, 15.

aus denen er zusammengesetzt war. Der psychische Organismus ist aber nicht aus den fünf Elementen zusammengesetzt*) und zerfällt deshalb nicht; wohl aber stellen die unteren Seelentätigkeiten früher oder später (Kama-Loka), je nach dem Impulse, den sie während des Lebens erhalten haben, ihre Tätigkeit ein, der Geist (das Bewusstsein) zieht sich in die obersten Regionen zurück und genießt die Ruhe im himmlischen Zustande (Devachan). Wir können uns symbolisch den Vorgang anschaulich machen, wenn wir uns die Seele als einen vom Geiste belebten Lichtstrahl denken, der von der Sonne zur Erde geht. Während des Lebens findet infolge der durch die Sinne gegebenen Anregung die größte Tätigkeit darin im untersten Teile statt. Hört diese Anregung nach dem Tode des Körpers, der die Bekleidung des untersten Teiles dieses Lichtstrahles ist, auf, so erlöschen auch nach und nach die Schwingungen im mittleren Teile, nehmen nach oben zu immer mehr ab, der Geist (das geistige Leben) zieht sich in die höchsten Regionen zurück, und damit tritt auf der ganzen Linie Ruhe ein. Naht sich die durch das Gesetz seiner Natur bestimmte Zeit der Reïnkarnation, so steigt der Geist ins irdische Dasein herunter, die mittleren und unteren Seelenkräfte erwachen und suchen ein neues Feld für ihre Tätigkeit, einen für die Entfaltung der Eigenschaften der betreffenden Seele geeigneten Boden. So entsteht eine neue menschliche Erscheinung, mit den Eigenschaften des Dahingeschiedenen versehen; es ist der alte Mensch in einer neuen Form; das Haus, das er früher bewohnte, ist zerfallen; er baut sich ein neues auf, und mit ihm ziehen auch die Geister, die er in seinem früheren Dasein ins Leben rief, in die neue Behausung ein.

Daraus folgt, dass die Folgen von Ursachen, die in einem Dasein geschaffen werden, auch auf das nächste, und vielleicht auf viele aufeinander folgende Reïnkarnationen übergehen **) oder auf sie einen Einfluss ausüben können; denn jede dieser Folgen ist eine Kraft, die dem Menschen eine ge-

---

*) Sankaracharya. »Tattwa Bodha.« S. 16.
**) II. Moses. XX, 5 und XXXIV, 6.

wisse Eigenschaft verleiht, und die Eigenschaften eines Menschen bestimmen sein Wollen, Denken und Tun. Die Talente und Eigenschaften aber, die ein Mensch mit auf die Welt bringt, sind vielerlei, aus diesen entstehen seine Tugenden und Laster, und wie in der Chemie aus vielleicht sechzig chemischen Elementen durch ihre Verbindung eine Unzahl von chemischen Körpern entstehen können, so können auch durch die Wahlverwandtschaften und das Ineinanderwirken psychischer und geistiger Kräfte eine Menge von Kombinationen entstehen, aus denen die verschiedenartigsten Handlungen entspringen. Durch jede neue Geburt wird von neuem der Wahn der persönlichen Selbstheit geboren, in dem der Eigenwille und die Selbstliebe tätig sind, aus deren Verbindung Instinkte, Begierden und Leidenschaften verschiedener Art entspringen, die sich schließlich zu Handlungen kristallisieren. Somit ist jeder Mensch der Sohn dessen, der er selbst in der Vergangenheit war, und der Vater seines Sohnes, der er selbst in der Zukunft sein wird, und der Sohn hat nicht nur die Folgen seiner eigenen persönlichen Handlungen, sondern auch die der Person seines »Vaters« zu tragen. Wer aber zur wahren Gotteserkenntnis gelangt, dem »sind seine Sünden vergehen«; er ist weder der »Vater« noch der »Sohn«, sondern der ewige Geist, der auf alles Geborenwerden und Sterben in der Welt der Formen herabsieht, ohne davon berührt zu werden, und deshalb ist diese Erkenntnis der »Erlöser der Welt«. »Wer in ihm bleibet, der sündigt nicht.«*) »Durch das Erwachen der Selbsterkenntnis, dass ich in Wirklichkeit Brahma bin, wird mein angesammeltes Karma zerstört.«**) Durch das Eingehen in das Ewige verschwindet das Zeitliche; durch die Erkenntnis der Wahrheit verschwindet der Schein.

In der Welt der Erscheinungen dauert die Bildung von Karma fort, solange darin Ursachen tätig sind; denn aus jeder Tätigkeit entspringt eine Tat und aus jeder Tat entstehen neue

---

*) 1. Joh. III, 6.
**) Sankaracharya. »Tattwa Bodha.« S. 53.

Ursachen, die auf einer oder der anderen der drei Daseinspläne Folgen erzeugen, und da diese drei Pläne aufs innigste
miteinander verbunden sind, so geht daraus eine Kette von
Ursachen und Folgen hervor, deren einzelne Fäden sich nicht
entwirren lassen, und von denen kein Ende zu finden ist. Physische Übel können moralische Wirkungen verursachen, psychische Zustände körperliche Veränderungen herbeiführen;
das Lassen sowohl als das Tun hat seine Folgen, und es gibt
keinen anderen Ausweg aus dem Netze des Karma als die Erlösung vom »Selbst«.*)

Wer seine Hand ins Feuer steckt, der spart den Schmerz,
je nach dem Grade, in dem sein Bewusstsein an den Empfindungen seines Körpers teilnimmt, und es ist gleichgültig, ob
es freiwillig oder unfreiwillig, absichtlich oder unabsichtlich
geschieht. Ist seine ganze Aufmerksamkeit auf den empfindenden Teil gerichtet, so wird der Schmerz heftig sein, ist sie
von etwas anderem in Anspruch genommen, so wird der
Schmerz weniger heftig empfunden, und wenn das Bewusstsein vollständig vom Körper abwesend ist, wie z. B. in dem
Zustande der »Entzückung« (Samadhi), so kann der Körper
lebendig zu Asche verbrannt werden, ohne dass der Mensch
etwas davon empfindet. So nimmt auch der Mensch an den
Schicksalen seiner Persönlichkeit teil, einerlei ob seine Reïnkarnation eine freiwillige oder unfreiwillige war, und er teilt
deren Leiden und Freuden in dem Grade, als sein Bewusstsein
nur ein persönliches oder ein geistiges, im Ewigen ruhendes
ist. Wer ganz im Vergänglichen lebt, dessen Schicksal ist das
des Vergänglichen; wer im Ewigen seine Zufluchtsstätte hat
und darin bleibt, kümmert sich wenig um die Schicksale seiner Persönlichkeit.»Wem die Zeit ist wie die Ewigkeit und
die Ewigkeit wie die Zeit, der ist befreit von allem Streit.«**)
Wer im Ewigen lebt, der übersieht auch die Ursachen, die das
Schicksal seiner Persönlichkeit leiten; er erkennt das Gesetz

---

*) Siehe Lotusblüten. »Die Entsagung.« Bd. VI, S. 845.
**) Jakob Böhme.

der Notwendigkeit, das die blinde Materie leitet, und das über diesem stehende Gesetz der Vorsehung, das der Weisheit entspringt, dessen Dienerin die Notwendigkeit ist, und das alles am Ende zum besten führt.

Die menschliche Eitelkeit schiebt gerne die Schuld alles Übels auf etwas anderes als auf sich selbst. Man spricht von »Glück« und von »Unglück« oder vom Gesetze des Karma, als ob es außer uns selbst gelegene Dinge wären, die ihr Spiel mit uns treiben; dennoch hängt unser Glück und Unglück nur von unserer eigenen Tauglichkeit und Geschicklichkeit, und diese von der Art der in uns angesammelten Kräfte ab, wenn es auch für den oberflächlichen Beobachter nicht leicht zu erkennen ist, da man erst die Beschaffenheit der Kräfte, die den Menschen bilden, kennen muss, ehe man sich ein klares Bild über deren Wirkungen machen kann. Eine Auseinandersetzung darüber würde ein wiederholtes Eingehen in die Lehren über die Zusammensetzung der siebenfachen Natur des Menschen und der vier Daseinspläne, nebst den Beziehungen, die zwischen dem Mikrokosmos und Makrokosmos bestehen, erfordern, wie es bereits an anderen Orten geschehen ist*).

Lange ehe man in Europa von der indischen Lehre vom Karma etwas wusste, schrieb Theophrastus Paracelsus über die Ursachen von Glück und Unglück**) seine Ansichten nieder, die mit denen der indischen Weisen identisch sind, wenn auch die Form, in der er es tat, infolge der heutzutage herrschenden babylonischen Begriffsverwirrungen nicht so klar wie die der Bhagavad Gita und Sankaracharyas erscheint. In modernes Deutsch übertragen, sagt er ungefähr folgendes:

»Glück und Unglück entspringen aus demselben Grunde, sie sind wie der Wind und die Luft, die ja auch unsichtbar sind. Wer auf dem rechten Wege geht, dem geht sein Handel besser vonstatten, als wer auf dem unrechten Wege ist. Daran

---

*) Lotusblüten, Bd. I, S. 411. »Alchemie«.
**) »De Maia et Bona Fortuna«. Vol. IX, pg. II. Husers Ausgabe.

ist nicht ein (außer ihm liegendes) Glück schuld, es ist ein »Anschicken« (Tauglichkeit). Wer in Dornen geht, kommt zerkratzt heraus, und wer in der Ebene bleibt, wird vom Bergsteigen nicht ermüdet; wer sich vorsieht, wohin er tritt, der wird nicht fallen. Was der Mensch »Unglück« nennt, fügt er sich selber zu. So haben wir auch in unserm Leben auf Erden im Glück und im Unglück nach keiner anderen Ursache zu suchen, als die in uns selber liegt. Wie wir es anrichten und fügen, so haben wir es. Ein fauler Baum kann keine guten Früchte tragen. Daran ist nicht sein Unglück, sondern seine Faulheit schuld; ist doch nichts in ihm, was eine gute Frucht bringen kann. Ein jeglicher danach er wandelt, danach er handelt, danach muss er warten und empfängt seinen Lohn.

»Gott hat uns alle aus einem und demselben Stoffe gemacht, wir sind alle sein und mit dem gleichen Leben versorgt und begabt; deshalb ist ursprünglich keiner mehr oder weniger als ein anderer; dennoch erscheint keiner dem anderen gleich. (Wir sind alle Eins im Wesen, aber ungleich in unseren Eigenschaften.) Gott liebt uns alle gleich und sieht die Person nicht an; wir aber haben nicht alle die gleiche Liebe (Gotteserkenntnis) für ihn. Gott hat allen seinen Kindern ursprünglich das gleiche gegeben, aber sie haben es ungleichmäßig untereinander verteilt; der eine verschwendet sein Erbteil, ein anderer behält es. Jeder erhält seine Belohnung von demjenigen Herrn, welchem er dient. Glück und Unglück sind nur ein Schein. Was als ein Unglück angesehen wird, bringt oft das größte Glück, und was als ein Glück betrachtet wird, kann zum Unglück führen. Die wahre Seligkeit eines Menschen hängt nicht von den äußeren Umständen, in denen sich seine Person befindet, sondern von dem Grade seiner Erkenntnis ab. Christus (das selbsterkennende wahre Selbst) ist allein unser Beschirmer. Wer auf Erden (im Sinnlichen) seinen Reichtum findet, der wird arm im Himmel (im Selbstbewusstsein des Göttlichen) sein; wer nicht am Sinnlichen hängt, der findet seine Schätze im Himmlischen. Was auf Erden ist, ist ein bloßer Schein, ein unwesentliches Nichts, und deshalb gibt es für den selbsterkennenden Menschen weder Glück noch Unglück darin. Wer sein Kreuz trägt und Gott nachfolget, den erhebt es, und es wird ihm (dadurch) alles belohnt und bezahlt.«

Der vom Selbstbewusstsein der Wahrheit durchdrungene Mensch, der wahre Christ oder Theosoph, wird sich deshalb nicht um sein Karma bekümmern noch darum, wie es ihm in dieser oder jener Welt geht, und es als eine Zeitverschwendung betrachten, den Ursachen nachzuspüren, die ihm »Gutes« oder »Böses« bringen, denn er ist in seinem Selbstbewusstsein über alles scheinbare und vorübergehende Gute und Böse erhaben; er weiß, dass diese Dinge nur dem Reiche der Erscheinungen angehören, und da er selbst über die Erscheinung erhaben im wahren Guten, in der Wirklichkeit lebt, so erkennt er wohl das Spiel der Kräfte des Karma, wird aber in seinem eigenen Wesen davon nicht berührt. Wer sein eigenes wahres Dasein nicht kennt, an seiner Persönlichkeit klebt und nicht über sie hinausragt, dem wird alles, was diese Scheinexistenz betrifft, von höchster Wichtigkeit scheinen, denn seine Person ist ihm das Höchste, sein Gott, und was mit ihr in Verbindung steht, ist seine ganze Welt. Der wahre Mystiker aber, der sein ewiges, unsterbliches »Ich« gefunden hat, ist selber der Herr über die Zufälle, denen die Eigenschaften (Tattwas), aus denen der von ihm bewohnte Organismus zusammengesetzt ist, ausgesetzt sind. Er steht außerhalb und über seiner »eigenen« Natur, der physischen sowohl als der psychischen, insofern letztere veränderlich ist. Der wirkliche, zur wahren Selbsterkenntnis gelangte Mensch ist keinem Gesetze des Karma unterworfen; er ist selbst dieses Gesetz, und es handelt sich bei dem irdischen Menschen nicht darum, dass er, sondern dass GOTT in ihm verherrlicht werde. Die Kräfte, deren Zusammensetzung den Scheinmenschen dieser Welt bilden, unterliegen den Gesetzen ihrer Natur wo aber die Vorstellung der Selbstheit aufhört, da sind auch alle die mit ihr verbundenen Illusionen zu Ende.

Wo das ganze Bewusstsein eines Menschen nur in dem Selbstbewusstsein seiner Persönlichkeit, d.h. im Eigendünkel besteht und kein Gottesbewusstsein vorhanden ist, da ist mit dem Aufhören dieses persönlichen Bewusstseins auch selbstverständlich alles zu Ende. Der persönliche Mensch ist der Scheinmensch, der Gottmensch (Christus) im Menschen der wahre Mensch. Der persönliche Mensch ist dem Gesetze des Geistes in der Natur unterworfen; der Gottmensch ist selbst der Geist und das Gesetz. Nicht der ist ein Mystiker, der sich über mystischen Dingen, die er nicht begreifen kann, den Kopf zerbricht, sondern der, in dem das Gottesbewusstsein lebendig geworden ist, und der deshalb fähig ist, zwischen seinem unsterblichen und seinem veränderlichen Selbst zu unterscheiden. Diese Fähigkeit der Unterscheidung zwischen dem Ewigen und dem Zeitlichen ist die Grundbedingung zum Studium der okkulten Wissenschaft und der Schlüssel zum Verständnis der Lehre vom Karma.

II. TÄUSCHUNGEN

Es ist unmöglich, sich von den Wirkungen des Karma oder der Naturgesetze im Allgemeinen eine völlig klare Vorstellung zu machen, solange man über das eigentliche Wesen der Natur selbst im Unklaren ist. Der Endzweck der Naturwissenschaften ist es, sich über das Wesen der Natur und die darin auftretenden Erscheinungen Klarheit zu verschaffen; das Wesen der Natur wird aber gerade dadurch nicht erkannt, dass man es nur nach den durch die Sinne wahrzunehmenden Erscheinungen beurteilt, und zwar deshalb, weil der Schein nicht das Wesen ist. Die Scheinwissenschaft beurteilt den Schein, die wahre Wissenschaft beruht auf der Erkenntnis der Wirklichkeit. Der Halbgelehrte, welcher seine Schlüsse aus trügerischen Sinneswahrnehmungen zieht, urteilt falsch und betrügt sich selbst; der Geist, der die Wahrheit erkennt, ist über alle Zweifel erhaben.

In den ältesten Schriften der Inder und Ägypter findet sich oft wiederholt die Behauptung ausgesprochen, dass die Welt, die wir sehen, nur eine Illusion (Maya) oder Täuschung sei. Damit ist nicht gemeint, dass die Erscheinungen, die wir zu sehen glauben, nicht wirklich vorhanden seien, noch dass die Welt erschaffen worden sei, um uns zu betrügen; sondern dass wir uns selber täuschen und betrügen, indem wir uns von dem Wesen der Dinge eine falsche Vorstellung machen und die Dinge für etwas anderes halten, als was sie wirklich sind; und wir sind gezwungen, das zu tun, solange wir zwar die Erscheinungen, nicht aber das Wesen, das allen Erscheinungen zugrunde liegt, in Wahrheit erkennen.

Der Grund, auf dem die Scheinwissenschaft aufgebaut ist, ist der Schein; der Grund des Gebäudes der geistigen oder »okkulten« Wissenschaft ist die Erkenntnis der Wahrheit, deshalb beginnt die wahre Wissenschaft des Geistes erst dort, wo das Scheinwissen aufhört. Erst wo die wahre Erkenntnis anfängt, da kann von einem wirklichen Wissen die Rede sein. Die Wahrheit aber belehrt uns nicht durch den Schein oder Sinnestäuschungen, sondern durch ihr eigenes Wesen; wir wissen, was wahr ist, sobald wir es durch den Verstand wirklich erkennen. Das, was wahrscheinlich ist, braucht deshalb noch lange nicht wahr zu sein; das, was nur wahr zu sein scheint, ist eine Illusion.

Wir sind umgeben von Täuschungen, von denen die Wissenschaft bis jetzt nur wenige durch die Erkenntnis der Wahrheit überwunden hat. Wenn wir des Morgens vom Schlafe erwachen, so entdecken wir aufs Neue, dass wir lebende Wesen sind; wir erkennen das nicht durch die äußerliche Beobachtung unseres Tuns, sondern durch unser Bewusstsein. Wir blicken zum Fenster hinaus, und die Täuschung beginnt. Vor uns dehnt sich die Erdle aus, deren äußere Erscheinung uns keinen Anlass gibt zu denken, dass sie etwas anderes als eine Fläche sei. In der Tat hat es auch Jahrtausende gedauert, ehe trotz des Widerstandes der Gelehrten und Theologen die Erkenntnis sich Bahn brach, dass unser Planet ein im Raume frei schwebender Körper von kugelförmiger Gestalt sei. Wir glauben zu empfinden, dass nichts so fest und ruhig sei, wie die Erde unter unseren Füßen, und während wir uns über diese Sicherheit freuen, rast der Planet mit allen seinen Bewohnern mit einer Schnelligkeit von 29450 Meter in der Sekunde durch den Raum. Wir sehen das Tagesgestirn am östlichen Horizonte emporsteigen; es ist aber nicht wahr; es steigt nichts empor; es ist vielmehr die Erde, die, um ihre Achse sich drehend, die Seite, auf der wir uns befinden, der Sonne zuwendet.

Oder wenn wir des Nachts die Blicke zum klaren Sternenhimmel erheben, wie leuchtet und funkelt da alles in ruhiger Pracht. Die Ruhe, die da oben herrscht, teilt sich dem bewegten Gemüte mit; der Engel der Nacht legt seine beruhigende Hand auf die Wunden, die die Mühen des Tages brachten. Aber auch diese Ruhe der Sterne ist eine Täuschung; es gibt da keinen Stillstand. Die kleinen Lichter da oben sind Sonnen und Sonnensysteme, so groß und viel größer noch als unsere Sonne und unser Sonnensystem. Da sind Planeten, die den unsrigen an Größe Millionen Mal übertreffen, und sie bewegen sich durch den Raum mit einer Schnelligkeit, die der Mensch wohl berechnen, aber nicht begreifen kann. Sind doch etliche darunter, deren Schnelligkeit auf sieben Millionen Meilen in der Stunde oder 320000 Meter in der Sekunde geschätzt wird*). Wie unermesslich groß müssen da die Zwischenräume sein die diese Himmelskörper von einander trennen! In der Tat ist schon die Entfernung unserer Sonne von dieser Erde so groß, dass der Gedanke sie nicht fassen kann, obgleich sie nur eine geringe ist im Verhältnisse zu der Entfernung, die sie von anderen Sonnen trennt. Und dennoch ist im Grunde genommen auch dieses nicht wahr. Es gibt keine Lücken im Universum; die Trennung betrifft nur die Erscheinungen, dem Wesen nach ist alles eins. Soweit als die Anziehung einer Sonne reicht, soweit reicht auch die Sphäre ihres Daseins. Wir glauben Millionen von Meilen von der Sonne entfernt zu sein und befinden uns in ihrer Umarmung. Unser Augenschein beweist uns, dass die Sonne die Quelle alles Lebens und aller Wärme auf Erden ist, und die Logik schließt daraus, dass in dem Sonnenkörper eine fürchterliche, ganz unvorstellbare Flitze existieren müsse, die durch den Weltenraum ausgestrahlt wird; aber auch das ist eine Täuschung, denn neuere, tiefer gehende wissenschaftliche Untersuchungen machen es klar, dass die Geschichte von der glühenden oder brennenden Sonne eine astronomische Fabel ist, und die Wärme sich erst in unserer Erdsphäre durch den magneti-

---

*) C. Flammarion: »Urania«.

schen Einfluss der Sonne erzeugt*). Wer aber weiß nicht, oder glaubt nicht zu wissen, dass der Mond ein Trabant unserer Erde, ein bei ihrer Bildung von ihr abgestoßener Teil ist? Aber auch das ist nicht wahr. Vielmehr beweist die Geschichte der Evolution unseres Sonnensystems, dass die Erde ein Sohn des Mondes und der Mond, wie wir ihn jetzt sehen, der Kadaver der verstorbenen Mutter der Erde ist**). Die meisten Leute glauben ganz bestimmt zu wissen, dass unsere Erde keine anderen als die uns sinnlich wahrnehmbaren Bewohner hat, und dennoch wissen die Weisen, denen die Wahrheit durch das Auge der Erkenntnis offenbar wurde, dass der Teil unseres Planeten, der uns sinnlich wahrnehmbar ist, nur die grobmaterielle Hülle dieses Planeten ist, und dass in dieser sichtbaren Welt »unsichtbare« Welten existieren, die für deren Bewohner ebenso sichtbar sind wie die »sichtbare« Welt für uns, und die sich zum »materiellen« Körper der Erde verhalten wie Seele, Gemüt, Geist usw. zum »materiellen« Körper des Menschen***).

Aber sicherlich, das, was man »Materie« nennt, ist keine Täuschung. Unser eigener Körper ist solid und materiell; wir sehen und fühlen ihn; da lässt sich nichts davon hinwegphilosophieren? Weit gefehlt! — Das, was man gewöhnlich unter »Material« versteht, hat gar keine Existenz; es ist aus Atomen gebildet, und jedes Atom ist ein immaterielles Ding, ein substantielles Zentrum von Energie. Man kann, wenn man will, mit Recht sagen: unser Körper besteht aus Gas; denn die organischen Verbindungen, aus denen er gebildet ist sind Kohlenstoff, Wasserstoff, Stickstoff und Sauerstoff, die in ihrem natürlichen Zustande farblose Gase sind, und auch die damit verbundenen mineralischen Bestandteile sind nur unter gewissen Bedingungen im Zustande der Solidität. Aber auch die Gase bestehen aus Atomen, und somit löst sich auch unser sichtbarer Körper im Lichte der Erkenntnis schließlich in eine

---

*) »Die Entschleierte Isis«. I, 271.
**) »Die Geheimlehre«. I, 183.
***) a. a. O. I, 190.

Summe von immateriellen Kräften, oder vielmehr, da eine Kraft, die nicht zugleich auch substantiell ist, nicht denkbar ist, in eine Summe von Daseinszuständen der ewigen unzerstörbaren Einheit auf.

Und was von unserm Körper gilt, das gilt von allem »Materiellen«, folglich auch von der Erde und der ganzen Welt; es ist im Grunde genommen alles substantielle Energie, alles Sichtbare nichts anderes als ein Produkt der Wirkung des Unsichtbaren, dessen Grund das Leben und Bewusstsein, mit anderen Worten die Seele ist. Wir wissen von nichts anderem als von dem, was innerhalb der Sphäre unseres Bewusstseins liegt. Wäre unser Bewusstsein ein anderes, so würde die Welt, in der wir uns befinden, uns auch ganz anders erscheinen. Die Bilder, die wir im Traume sehen, sind für uns ebenso wirklich, solange wir träumen, als es für uns die äußerlichen Erscheinungen sind, solange wir uns im Wachen befinden. Unser Tagesbewusstsein ist das Resultat der Eindrücke, die wir durch die Sinneswerkzeuge unseres Körpers empfangen. Fällt dieser Körper von uns ab, so tritt je nach der Entwicklung unserer geistigen Fähigkeiten ein anderer Bewusstseinszustand an dessen Stelle.

In der Tat lebt nur der geistlose tierische Mensch gänzlich in der Erscheinungswelt; der Mensch, der sich seines höheren Daseins bewusst ist oder auch nur das Gefühl der Unsterblichkeit in sich trägt, lebt in einem höheren Bewusstseinszustande, auch während er in sichtbarer irdischer Hülle auf Erden wandelt. Der innere wesentliche Mensch, der nie geboren wird, nie altert, nie stirbt, ist der wirkliche Mensch; die Persönlichkeit, die er bewohnt, vermittels der er empfindet und denkt, ist eine Maske (persona), ein Schein.

Und wie es im Innern des Menschen ist so ist es im Innern der Welt. Wäre keine Weltseele da, so gäbe es auch keine sichtbare Welt, da ja die sichtbare Welt nichts anderes ist als eine körperliche Widerspiegelung in der Erscheinung der Kräfte, die in der Seele der Welt tätig sind. Wäre keine Liebe da, so gäbe es keine Anziehung und keine Gravitation; wäre kein Bewusstsein da, wenn auch ein Bewusstsein ganz anderer Art als das unsrige, so gäbe es auch keine Bewegung, denn es ist niemand da, der die Welt in Bewegung setzt; die bewegende Kraft ist der überall gegenwärtige »Wille« oder, richtiger gesagt, der »Geist«, die Urkraft, die die Ursache alles Werdens im Weltall ist.

Somit ist die Welt nicht ein totes, bewusstloses materielles Ding, aus dem auf eine unbegreifliche Weise Leben entsteht, sondern es ist alles Leben, und alle Formen sind Offenbarungen oder Daseinszustände des Lebens. Die Materie an sich ist nichts, die Kraft ist alles; die Kraft ist aber substantieller Natur; sie ist die dem ewigen Dasein innewohnende, sich bewegende Energie.

Alles dieses haben die indischen Weisen schon vor Jahrtausenden erkannt und gelehrt, der modernen Unwissenheit blieb es verborgen, und der gelehrte Eigendünkel leugnete es; dem dunkelsten Zeitraum der intellektuellen Verdummung des XIX. Jahrhunderts war es vorbehalten, den Köhlerglauben des Materialismus zu erfinden; wie aber alles in der Natur seine periodischen Veränderungen hat, so scheint auch jetzt eine neue Morgenröte anzubrechen, und in den höheren Regionen der Wissenschaft bricht sich ein neuer Strahl der Erkenntnis Bahn, wodurch die alte, vergessene Wahrheit wieder zum Vorschein kommt.

Das Atom ist ein Zentrum von Kraft, folglich ist der aus Atomen zusammengesetzte menschliche Körper eine Zusammensetzung von Kräften verschiedener Art. Ob wir uns diese nun als Kohlenstoff, Wasserstoff, Stickstoff, Sauerstoff usw. denken es sind immerhin Schwingungen einer dem Wesen nach unsichtbaren und immateriellen Substanz, die, indem sie sich »verdichtet« oder eine gewisse Art der Bewegung angenommen haben, sichtbar, körperlich und zu dem geworden sind, was man »Materie« nennt. Alle diese Kräfte verschafft sich der Organismus nicht selbst, sie fließen ihm zu aus der Vorratskammer der großen Natur; sie strömen beständig in ihn ein und von ihm aus; es findet in ihm ein beständiger

»Stoffwechsel« und damit auch ein beständiger Wechsel von Kräften statt; in solchem Maße zwar, dass der Körper des Menschen nicht, wie man früher glaubte, in sieben Jahren, sondern schon in wenigen Monaten völlig erneuert wird, und eher mit einer sich fortwährend erneuernden Flamme als mit einem beständigen Dinge verglichen werden kann. Der menschliche Organismus ist nicht ein Produkt des Menschen, sondern ein Produkt der Natur, ein Haus, aus Naturkräften aufgebaut, das der Mensch bewohnt und das der Natur des Planeten, auf dem es sich befindet, angemessen ist; der wirkliche Mensch aber, der Bewohner des Hauses, ist kein Produkt des Planeten, auf dem er wohnt; er ist ein Bürger des Himmels, der heute auf diesem und morgen auf jenem Planeten, je nachdem es die Verhältnisse mit sich bringen, eine »Wohnung beziehen« kann.

Weshalb aber können wir uns unserer früheren Inkarnationen auf diesem oder einem anderen Planeten nicht erinnern? — Es gibt Menschen, deren geistiges Bewusstsein hinlänglich klar ist, um sich daran zu erinnern. Bei Kindern ist das nicht selten. Bald aber überwältigen die Sinneseindrücke die geistige Erinnerung; der Egoismus erwacht und mit ihm die materielle Begierde. Schule und Erziehung wirken darauf hin, den Geist zu lähmen oder zu töten, das geistige Bewusstsein im Wirbel der materiellen Empfindungen zu ersticken. Der Organismus kann sich an keine frühere Inkarnation erinnern, weil er kein individuelles unsterbliches Dasein hat, folglich als solcher früher nicht vorhanden war, sondern die Elemente, die ihn bilden, bildeten vor seiner Geburt die Bestandteile anderer Organismen. Der irdische, persönliche Mensch kann sich nur an das erinnern was ihm selbst widerfahren ist; erst wenn es dem persönlichen Menschen gelingt, sein Bewusstsein mit dem des ihn überschattenden Geistmenschen zu vereinigen, wird er an dessen Erinnerungen teilnehmen können, weil er dann sein wahres Ich gefunden hat und Eins mit demselben ist.

Aber auch der geistige Mensch hat seine Organisation,

und wie der Organismus des irdischen Menschen eine Zusammensetzung von materiellen Naturkräften ist, so ist die geistige Organisation des Geistmenschen ein Produkt von geistigen Kräften, die in ihm zur Offenbarung gekommen sind; d. h. eine Summe von Tugenden und Eigenschaften, die an sich unsterblich und unveränderlich sind. Die Wärme bleibt immer das, was sie ist sei sie latent oder frei; aber ob ein Körper kalt oder warm ist, das hängt ab von der Menge der Wärme, die in ihm, offenbar wird. Das Licht bleibt stets, was es ist, wenn auch keine Lichterscheinungen dabei stattfinden; es kann von der Pflanzenwelt absorbiert zum Steinkohlenlager werden, das durch Jahrtausende in den Tiefen der Erde lagert. Wird es wieder zutage gebracht und kommt der zündende Funke daran, so wird es wieder zum Licht.

So sind auch die geistigen Kräfte und Tugenden nicht vom Menschen erschaffen; sondern sie sind Prinzipien, die dem Menschen ihre Eigenschaften mitteilen, indem sie von ihm aufgenommen und durch ihn offenbar werden. Die Luft ist das Leben des Körpers, die Begierde das Leben des leidenschaftlichen Menschen, die selbstlose Liebe das Leben des Geistmenschen. Das Licht ist die Nahrung des Körpers, es bringt die Gewächse hervor, die dem Menschen zur Nahrung dienen; das Lernen ist die Nahrung des Intellektes; das Gedächtnis vertritt dabei die Stelle des Magens; aber die Weisheit ist die Nahrung der Seele. Die Wärme, die den Körper durchdringt, erwärmt ihn, die Güte, von der die Seele durchdrungen wird, macht sie gut, der Glaube erhebt sie, die Gerechtigkeit macht sie stark, die Erkenntnis der Wahrheit erleuchtet sie, die Hoffnung erfüllt sie, der Wille gibt ihr Kraft, die Andacht gibt ihr Sammlung, der Gedanke leitet sie usw.

Der physische Organismus ist das Produkt der Evolution »materieller« Formen in der Natur. Durch Millionen von Jahren hat die Natur unter der Einwirkung des Geistes gearbeitet, bis sie durch das Elementarreich, Mineral-, Pflanzen- und Tierreich aufsteigend, ein Menschentier zustande brachte, das die Fähigkeit hatte zu denken und geeignet war, als Wohnung der Menschenseele zu dienen. Vom Geiste angeregt, aber selbst geistlos, brachte sie erst unförmliche Monstrositäten, halb Tier, halb Mensch, antediluvianische Ungeheuer, aber keine Menschen hervor. Hätte die Natur noch endlose Millionen von Jahren so fortgeschafft, sie hätte niemals einen wirklichen Menschen hervorbringen können, weil der Menschengeist höher steht als die Natur, und ein Ding nicht etwas Höheres erzeugen oder gebären kann, als es selber ist.

Der irdische Mensch ist der verwesliche Boden, in dem der unverwesliche Samen wächst; der unverwesliche Samen, die Seele, ist aber ebenso wenig ein Produkt des irdischen Menschen, als der Same eines Baumes ein Produkt eines baumlosen Erdbodens ist. Der Samen eines Nussbaumes denkt nicht und empfindet nicht nach menschlicher Art und hat deshalb zu seiner Weiterentwicklung keinen denk- und empfindungsfähigen Erdboden nötig. Mit dem Menschen, der auf einer höheren Stufe steht, verhält es sich anders. Der Bewohner des Himmels bedarf einer denkenden und empfindenden Form, um in ihr seine Fähigkeiten entfalten zu können; der persönliche sterbliche Mensch ist der »Erdboden«, in dem der unsterbliche »Samen« sich weiter entwickelt und nach Selbsterkenntnis ringt. Der innere geistige Mensch, der im irdischen Menschen wohnt, oder vielmehr in ihm »wurzelt«, da der irdische Mensch ihn in seiner Größe nicht fassen kann, ist im Vergleiche zum irdischen Menschen ein Gott. Er ist nicht der Gott des Weltalls, ebenso wenig als ein von einem Sonnenstrahle erleuchteter Kristall die Sonne des Weltalls ist; aber mit dem persönlichen sterblichen Menschen verglichen, ist er ein göttliches Wesen und der unsterbliche Gott des sterblichen Menschen, in dem allein der persönliche Mensch Unsterblichkeit finden kann. Wenn wir diesen »Gott« als den wirklichen Menschen bezeichnen, so bleibt uns für den persönlichen sterblichen Menschen keine andere Bezeichnung als »Tiermensch« oder »Scheinmensch« übrig, eine Bezeichnung, die, so unhöflich sie auch klingen mag, dennoch der Wahrheit entspricht; denn ein Mensch ohne Seele, und wäre er noch so gelehrt, ist dennoch nicht mehr als ein Tier; und ein menschenähnliches Geschöpf, in dem kein Wahrheitsgefühl vorhanden ist, ist eine menschliche Erscheinung, aber kein wirklicher Mensch. Solche »geistig Toten« gleichen dem Erdboden, in dem der hineingelegte gute Samen verdorrt oder verfault ist, und aus dem sich deshalb nichts als Unkraut entwickeln kann.

Im alltäglichen Leben bezeichnet man gewöhnlich die intellektuelle Tätigkeit als »Geist«; in der Tat aber ist die geistige Erkenntnis des Menschen ebenso sehr vom intellektuellen Denken verschieden, als es das intellektuelle Denken vom gedankenlosen Wirken tierischer Instinkte und Leidenschaften ist. Man kann ein äußerst schlauer und scharfsinniger Advokat, ein vielstudierter und belesener Arzt, ein überzeugender spitzfindiger Theologe oder Moralprediger sein, ohne deshalb eine Spur von Geist oder geistigem Bewusstsein zu besitzen; denn das wahre geistige Bewusstsein ist die Dämmerung der Gotteserkenntnis, die mit allem menschlichtierischen Selbstwissen, Selbstwähnen, Selbstdünken, Selbstwollen nichts zu schaffen hat, über allen menschlichen Scharfsinn und über alle menschliche Moralität erhaben ist, und oft in einem einfachen unerzogenen, am allerwenigsten aber in einem vom Eigendünkel besessenen Theoretiker zu finden ist; denn wo alles nur Schein ist, da ist keine Wirklichkeit; wo keine Wahrheit ist, da ist kein Wahrheitsbewusstsein.

Wie in der Natur in Wahrheit alles ganz anders ist, als es uns scheint, wie sich die Sonne nicht um die Erde dreht, die Sterne nicht stille stehen usw., so ist es auch unter den Menschen überall, wo die Nichterkenntnis (Tamas) herrscht. Es gibt Könige, die nur dazu da sind, damit es scheine, als ob sie regieren, während in Wirklichkeit sie selbst von ihrer Umgebung regiert werden. Es gibt so genannte »Gottesgelehrte«, die von GOTT nicht nur nichts wissen, sondern irgendeinen selbst geschaffenen Götzen als Gott verehren. Es gibt ärztliche Meuchelmörder, denen die Welt Monumente setzt, weil sie ganze Nationen unter dem Vorgehen, sie gegen diese oder jene Krankheit »immun« zu machen, mit einer viel schlimmeren Krankheit durchseuchen*). Es gibt angejubelte Volksvertreter, die von Rechts wegen an den Galgen gehörten, weil sie unter dem Vorwande des Patriotismus nur auf ihren eigenen Vorteil bedacht sind und die wahren Interessen des Volkes zertreten, anstatt sie zu verteidigen. Anbetend liegt die dumme Menge auf den Knien vor einer Scheinwissenschaft, die sie ihrer heiligsten Güter beraubt und einen angeblich »wissenschaftlichen« Aberglauben an die Stelle des eigenen Empfindens der Wahrheit setzt. So ließe sich das Torheitsregister der Welt noch weit fortsetzen. Unsere Nachkommen werden ebensoviel Grund haben, über uns zu lachen, als wir über die Weisheit der Gelehrten des vorigen Jahrhunderts lachen, die einen von dreihundert Personen beglaubigten Bericht über einen Meteoritenfall als eine »Absurdität« zurückwiesen unter dem Vorgehen, dass keine Steine vom Himmel fallen können, weil im Himmel keine Steine vorhanden seien.

Gegen alle diese Übelstände gibt es kein Mittel als die Erkenntnis. Gegen das falsche Wissen gibt es kein anderes Mittel als das wahre Wissen. Die wirkliche Aufklärung kann durch Unterdrückung der Wahrheit verzögert, aber nicht verhindert werden; auch wird sie nicht befördert durch den Kampf um Meinungen, wobei es jedem nur darum zu tun ist, sein scheinbares Recht zu bewahren, nicht aber, um sein Gemüt und seinen Verstand dem Lichte der Wahrheit zu öffnen. Langsam und ohne Lärm zieht die Erkenntnis in die Herzen der Menschen ein; es gibt Perioden der geistigen Erleuchtung und geistigen Dunkelheit, so wie es Tag und Nacht, Sommer und Winter gibt. Wie die astronomischen Gesetze den Lauf der Gestirne bestimmen, so bestimmen die Gesetze der geistigen Astrologie die Perioden der Aufklärung und die der Ver-

---

*) Eine Ursache der weiten Verbreitung der Lungentuberkulose ist die Schutzpockenimpfung, die noch in vielen Ländern zwangsweise eingeführt ist. Siehe: Wm. Tebb, »The Recrudescence of Leprosy.« London 1893.

dummung unter den Menschen. Wie die Erde sich zu einer bestimmten Jahreszeit der Sonne am meisten nähert, so gibt es Perioden, in denen sich die geistige Welt der Sonne der Weisheit nähert und andere, in denen sie sich wieder von ihr entfernt*). Wohl denen, die sich diese Annäherung zunutze machen!

Dabei handelt es sich aber nicht sowohl um die Befriedigung des Wissensdurstes, als vielmehr um die Richtung des Willens. Das Wissen allein ist nicht das Höchste und deshalb nicht der Selbstzweck, sondern nur das Mittel zum Zwecke, der darin besteht, dass der Mensch in der Wahrheit sich selber findet. Der Mensch in seinem innersten Wesen ist eine Summe von Kräften; er ist selbst diejenige Kraft, mit der er sich identifiziert, und er identifiziert sich mit ihr, indem sie in ihm selbst offenbar wird.

Das Unsichtbare hat seine Analogie im Sichtbaren; das »Materielle« ist das Symbol des Geistigen. Dadurch, dass die Elemente der Luft sich zu Organismen verbinden, entsteht ein sichtbarer Körper. Dadurch, dass die geistigen Kräfte in einem Organismus sich offenbaren und ihm ihre Eigenschaften mitteilen, entfaltet sich die geistige Individualität. Aus einem guten Boden wächst ein gesunder Baum; ein Mensch, in dem Weisheit und Güte zu seiner Natur werden, wird dadurch weise und gut. Das geschieht aber nicht durch das bloße Wissen, Glauben und Wähnen, nicht durch das Schwärmen und Gewinsel, auch nicht durch frommen Betrug, sondern allein durch die Tat.

Dadurch aber unterscheidet sich der persönliche sterbliche Mensch von dem geistigen, unsterblichen Menschen, dass der Tiermensch bei allem, was er unternimmt, auf sein Scheinselbst und dessen Vorteil, sei es in diesem Leben oder im zweifelhaften »Jenseits«, bedacht ist, während der Gottmensch ohne Rücksicht auf seine Person dem Gesetze des

---

*) Ein solches geistiges Perihelion ist am 11. April 1898 eingetreten, welche Periode das Ende der ersten 5000 Jahre des Kali-Yugas bezeichnet.

Geistes gemäß und als dessen bewusstes Werkzeug handelt. Dadurch erhebt sich der Mensch über seine Natur und über seine Persönlichkeit, lebt über Zeit und Raum erhaben in der Unendlichkeit, frei von aller Beschränktheit im Selbstbewusstsein der Unsterblichkeit; Eins mit Allem und Herr seiner selbst.

III. DAS DASEIN

»Das wahre Dasein fängt erst dort an, wo die wahre Erkenntnis beginnt.«
Führer im Geistigen.

Das Dasein an sich ist ein Zustand, der sich erst dann begreifen lässt, wenn er sich auf etwas Bestimmtes bezieht. Dasein ist Bewusstsein; ein Ding, das kein Bewusstsein hat, kann vom Dasein nichts wissen, weder von seinem eigenen Dasein, noch von etwas anderem. Das Dasein im Absoluten ist das Bewusstsein im Absoluten, ein Zustand des Absoluten, welches wir nicht anders als »das Absolute« bezeichnen können, weil es zu uns in keinen Beziehungen steht. Das Dasein an sich ist das Selbst im absoluten Sinn; es beruht auf nichts anderem als auf sich selbst und steht zu nichts als sich selbst in Beziehung. Es ist das »Sein« im Gegensatze zum »Nichtsein«. Nichts existiert, solange es nicht ins Dasein tritt; nichts existiert für uns, solange es nicht in unser Bewusstsein tritt. Was wirklich und wesentlich ist, ist in Wahrheit und Wirklichkeit da; was uns da zu sein scheint, existiert für uns nur im Scheine. Wir selbst existieren in Wirklichkeit für uns selber nicht, solange wir uns unseres wahren Wesens nicht bewusst sind. Solange wir glauben, in Wirklichkeit das zu sein, was wir zu sein scheinen, und den Körper, den wir bewohnen, für unser wirkliches Selbst halten, kennen wir uns selber nicht und sind nur zum Scheine da. Unser eigenes wahres Selbst kennen zu lernen, ist der Endzweck aller theosophischen Lehren. Das wahre Dasein bedarf keines wissenschaftlichen Beweises. Es ist nicht das Resultat der wissenschaftlichen Forschung, sondern ein Erwachen des Geistes. Wer sein eigenes wahres Wesen erkannt hat, für den gibt es in

Bezug darauf keinen Zweifel.

> »Am Dinge zweifeln kannst du, was und ob es sei
> An deinem Ich fällt dir gewiss kein Zweifel bei.
> Dies ist der Ausgangspunkt: Sei deiner nur gewiss!
> Zu allem Wissen kommst du so ohne Hindernis.«
>
> R ü c k e r t . Lehrgedichte S. 140.

Das Dasein ist die Offenbarung von Etwas, was in seinem nichtoffenbaren Zustande für uns ein Nichts, nicht aber ein Nichts im absoluten Sinne, sondern vielmehr das nichtoffenbare Wesen von allen offenbarlichen Dingen ist. Man kann dieses »Etwas« weder als »Raum« noch »Stoff«, noch »Kraft« bezeichnen, da alle diese Bezeichnungen nur relative Begriffe sind. Manche bezeichnen es als »Gott«, aber es ist nicht Gott; denn zu dem Begriffe eines »Gottes« gehören göttliche Eigenschaften. Es ist das namenlose Eine, die Grundlage alles Daseins; das Wesen von Allem, die Ewigkeit, das Leben an sich. Die Inder nennen es »T a t « (Sanskrit). Aus Tat entspringt alles, und alles kehrt wieder in Tat zurück. Das Dasein ist eine Periode, ein Ereignis in T a t , dem ewigen absoluten Sein; mit anderen Worten, in B r a h m , der sowohl das relative Sein als auch das relative Nichtsein umfasst.

Das Dasein selbst ist die Offenbarung einer Energie, der Ausdruck einer offenbar gewordenen Kraft, und alles, was existiert, besteht aus Zuständen dieser ewigen Weltenergie, mit anderen Worten aus Daseinszuständen oder »Tattwas« (Sanskrit). Alle Erscheinungen gehen ursprünglich aus der Wirkung dieser allgemeinen Weltkraft hervor, die man auch »Weltsubstanz« nennen kann; da ja die Begriffe von »Kraft« und »Stoff« nicht zweierlei wesentlich voneinander verschiedene Dinge, sondern nur zwei Anschauungsformen des ewig Einen namenlosen »Tat« bezeichnen. Es gibt, wie heutzutage jedermann weiß, keine Substanz ohne Energie, keine Energie ohne Substanz; aber es gehört auch noch ein Drittes, nämlich das Bewusstsein dazu, das in a l l e n Dingen enthalten, wenn auch nicht in allen offenbar ist. Wäre im Absoluten kein Bewusstsein enthalten, so könnte auch in den Geschöpfen keines offenbar werden; denn das Bewusstlose kann kein Bewusstsein erzeugen; die Entfaltung des Bewusstseins aber hängt von der Organisation der Dinge und den sie umgebenden Umständen ab. In einem Steine kann sich kein tierisches, in einem Tiere kein menschliches Bewusstsein entfalten; im Menschen selbst könnte kein göttliches Bewusstsein offenbar werden, wenn nicht der Funke der Göttlichkeit in seiner Seele enthalten wäre. Aus den verschiedenen Bewusstseinszuständen des Menschen gehen die Motive zu seinen Handlungen hervor. Nach der indischen Lehre, und wie es auch jedem bei eigenem Nachdenken klar werden wird, liegen allen Daseinszuständen drei Natureigenschaften zugrunde, geht alles Handeln und Tun aus einer oder mehreren von diesen Eigenschaften hervor. Diese Eigenschaften oder Bewusstseinszustände, »Gunas« (Sanskrit) genannt, sind

1. Die Erkenntnis, Klarheit, Wahrheit; »S a t t w a« oder Weisheit genannt.
2. Die Begierde, »R a d s c h a s«, Leidenschaftlichkeit oder Begehrlichkeit.
3. Die Nichterkenntnis, »T a m a s«, die Finsternis oder Unwissenheit.

Die Bhagavad Gita sagt: »In was immer für Formen irdische Leiber erscheinen, Brahm ist der mächtige Mutterleib von allem, und Ich (der Geist) der befruchtende Vater. Sattwa, Radschas und Tamas sind die drei Zustände (Gunas), die aus der Natur (Prakriti) entspringen, und durch die der ewige Geist während seiner Einverleibung an die Körper gebunden wird.

»Von diesen bindet ihn S a t t w a, das leuchtend und rein ist, weil seine Natur nicht befleckt ist, durch das Band der Glückseligkeit und des Erkennens. Wisse, dass Radschas, das die Eigenschaften der Begierde in sich hat und die Quelle des Dranges und Verlangens ist, die einverleibte Seele durch Werke bindet. Wisse auch, dass Tamas, aus der Nacht der Nichterkenntnis geboren, die Seele durch Unwissenheit,

Trägheit und Bewusstlosigkeit bindet*).«

Jedes Ding, jeder Zustand, jede Tat bietet ein ganz anderes Bild dar, je nachdem ihm die eine oder die andere dieser drei Eigenschaften zugrunde liegt. Alle Beurteilungen werden dadurch vereinfacht, indem wir die Motive betrachten, aus denen ein Zustand, Eigenschaft oder Handlung entspringt. Nehmen wir z. B. die Moral:

Die Moral, die aus Sattwa, der Erkenntnis der Wahrheit, entspringt, ist rein, frei von Eigendünkel und Selbstsucht, eine der höchsten Tugenden des Menschen. Wie erbärmlich nimmt sich dagegen die »Moral« desjenigen aus, dessen Beweggrund Radschas ist. Ein solcher Mensch braucht nicht gerade ein absichtlicher Heuchler zu sein; dennoch riecht seine Moral nach Selbstsucht und Eigendünkel; er stellt seine Persönlichkeit über alles, bildet sich ein, besser als andere zu sein, hofft auf eine Belohnung für seine Moralität und liegt auf den Knien vor dem angebeteten Kalbe des Selbst. Die dritte Art von Moral ist die, die aus der Unwissenheit oder Dummheit (Tamas) entspringt. Ein, solcher Mensch sündigt nicht, weil er entweder keine Gelegenheit dazu hat oder sie nicht zu benützen versteht. Er steht auf der niedrigsten Stufe; denn er hat den Feind, den er überwinden soll, noch nicht einmal kennen gelernt.

Oder betrachten wir das W i s s e n : Das Wissen, das aus Sattwa, d. h. aus der wahren Erkenntnis entspringt, bildet diejenige wahre Wissenschaft, die den Menschen erleuchtet, erhebt und erbaut. Das Wissen das aus Radschas kommt, ist eine bloße Befriedigung der wissenschaftlichen Neugierde ohne wahres Verständnis; es ist ein bloßes Scheinwissen, ohne Erkenntnis der Wahrheit und dient in der Regel zu nichts als zur Ernährung des Gelehrtendünkels und wissenschaftlichen Größenwahns. Das Wissen, das aus Tamas entspringt, ist ein verkehrtes Wissen, d. h. ein Selbstbetrug, entstanden durch irrige Meinungen, Autoritätenglauben, verbunden mit der Unfähig-

---

*) Bhagavad Gita. Kap. XIV, 4—9.

keit, selber zu denken. Ein großer Teil heutzutage allgemein angenommener Lehren beruht auf einer totalen Nichterkenntnis der Wahrheit.

Die A r m u t , die aus Gott (Sattwa) kommt, ist leicht zu ertragen. Ein Mensch, der zur Erkenntnis seines wahren göttlichen Wesens gelangt ist, hat keine außergewöhnlichen Bedürfnisse; er ist seiner Armut froh, weil er dann keinen Reichtum hat, der ihm Sorgen und Pflichten auferlegt. Er ist von allen Menschen der reichste, denn da er nichts wünscht, so hat er, wenn er auch nichts hat, doch alles, was er begehrt. Die Armut dagegen, die aus Radschas entspringt, also z. B. aus verfehlter Spekulation, ist schwer zu ertragen. Dei Reichste ist der Ärmste, wenn ihn die Gier, seinen Reichtum zu vermehren, verzehrt. Die Armut, die aus Tamas, d. h. aus Indolenz und Trägheit entspringt, macht auch nicht selig. Ein solcher Mensch trauert, weil er nichts hat, und ist dennoch zu träge, sich etwas zu erwerben. Auf dem intellektuellen Plane erkennen wir ihn ais den, dessen Weisheit aus Bücherkram besteht, aus dem er sich die Meinungen anderer Leute aneignet, weil er zu faul zum eigenen Denken ist; auf dem physischen Plane ist es der Vagabund, der lieber bettelt als arbeitet.

Die Tugenden, die aus der reinen Erkenntnis entspringen, sind selbstlos und leuchten hell und klar. Die Tugenden, die der Begierde entspringen, stinken nach Eigendünkel und sind von Selbstsucht beschmutzt. Die Tugenden, die aus Tamas kommen, sind das Resultat jener Ohnmacht, die sowohl zum Bösen als zum Guten zu feig oder zu unfähig ist. Es gibt nichts, das nicht unter diesen drei Formen betrachtet werden kann. Nehmen wir z. B. die Erfüllung der P f l i c h t :

Groß steht der da, der ohne Rücksicht .auf das eigene Selbst das tut von dem er erkennt, dass es getan werden muss. Eine Dienstmagd, die die Stiege kehrt, weil die Stiege gekehrt werden muss, steht in dieser Beziehung größer da als ein Minister, der pflichtschuldigst ein Land regiert, um sich damit einen Orden zu verdienen. Kleinlich, wenn nicht jämmerlich, nimmt sich der aus, der aus Rücksicht auf seine Persönlichkeit seine Pflicht erfüllt, sei es aus Hoffnung auf eine Belohnung oder um sich selbst glauben zu machen, dass er etwas Großes sei. Die Pflichterfüllung aber, die aus Tamas entspringt, ist entweder eine rein mechanische und gedankenlose oder eine verkehrte; wie z. B. das unnötige Schikanieren von Untergebenen u. dgl.

Die D e m u t, die aus Sattwa entspringt, erhebt dien Menschen zum Himmel und macht ihn unendlich groll. Ein solcher Mensch erkennt die Nichtigkeit des beschränkten erdgebundenen Daseins, er ist nicht mehr an seine Persönlichkeit gebunden und bildet sich deshalb nichts auf sie ein. Weil er über seine eigene Persönlichkeit erhaben ist, so lebt er in Gott und wird dadurch teilhaftig der göttlichen Majestät. Hässlich dagegen erscheint uns der Kriecher und Schleicher, dessen Demut darin besteht, dass er Gott belügen und den Menschen durch seine Scheinheiligkeit betrügen will. Mucker und Heuchler verschiedener Art und fromme Feiglinge gehören in diese Kategorie. Die dritte Klasse, die, deren »christliche« Demut aus Tamas entspringt, ist zu bedauern. Sie besteht aus denen, in denen alles Bewusstsein der Menschenwürde entschwunden ist, oder die nie besessen haben. Dazu sind z. B. viele alte Betschwestern u. dgl. zu rechnen.

Eines der größten Menschenrätsel, das die Welt beunruhigt, wäre leicht zu lösen, wenn man die drei Grundeigenschaften, aus denen die Liebe entspringt, beachten würde.

Die L i e b e, die aus der wahren Erkenntnis entspringt, ist weise. Ein so liebender Mensch liebt das, was er liebt, aus keinem andern Grunde, als weil er erkennt, dass der Gegenstand seiner Liebe seinem eigenen innersten Wesen entspringt. Er erkennt sich selbst in dem Gegenstande seiner Liebe und sucht sich mit diesem andern Teile seines Selbst zu vereinigen. Hierzu ist es aber vor allem nötig, dass der Mensch sein eigenes wahres Wesen (Gott) erkennt und nicht seine Tiernatur für sein wirkliches Wesen hält. Bei dieser Liebe ist kein

Verlangen nach eigenem Besitz, sondern das Bestreben nach Vereinigung, das aus der Erkenntnis des Gesetzes der Notwendigkeit fließt und eine völlige Hingabe zur Folge hat; wobei von keinem »mein« oder »dein« die Rede mehr ist; sondern, die Zweiheit der Erscheinung in der Erkenntnis der Einheit des Wesens verschwindet. Das ist die aus Sattwa entspringende Liebe.

Die Liebe, die aus Radschas entspringt, ist die Habsucht, d. h. die Begierde nach Besitz. Der Begehrende liebt dabei nicht den betreffenden Gegenstand selbst, sondern dessen Besitz. Er sucht sich diesen Gegenstand anzueignen, weil er ihm gefällt; das Schicksal des betreffenden Gegenstandes interessiert ihn nur insofern, als dabei seine eigene Behaglichkeit in Betracht kommt. Man verschafft sich durch eine solche Ehe eine »Gattin« eine Haushälterin, ein Spielzeug, einen Versorger u. dgl. Solche Ehen können in der Kirche geschlossen sein, sind aber deshalb noch lange nicht im »Himmel«, d. h. in der »Erkenntnis der Wahrheit« eingeschrieben.

Die Liebe, die aus Tamas entspringt, ist eine Torheit und Verblendung. Ein solcher Mensch liebt etwas, dass für ihn unpassend oder seiner Natur entgegengesetzt oder auch ganz etwas anderes ist, als was er zu lieben meint. Das ist z. B. der Fall, wenn man sich in eine Frau nur wegen ihres hübschen Kleides oder in einen Mann nur wegen seiner glänzenden Uniform mit den vergoldeten Knöpfen verliebt.

Der Vegetarianismus, der aus Sattwa entspringt, und dem man huldigt, weil man erkennt, dass tierische Stoffe und alkoholische Getränke den Körper mit Unreinigkeiten erfüllen und ihn für die Entfaltung feinerer geistiger Wahrnehmungen untauglich machen, hat einen erhabenen Beweggrund. Ein solcher Mensch ist nicht auf seinen Körper als Endzweck bedacht, sondern er will das Werkzeug seines Geistes in einem für seine höheren Zwecke tauglichen Zustande erhalten; weil er das für eine Notwendigkeit erkennt. Ganz anders ist der aus Radschas entspringende Vegetarianismus; sei es nun, dass ein solcher Mensch sich einbildet, er könne durch Verschlingen von Pflanzenkost sich zu einem Adepten machen, oder dass er den Körper selbst als seine Gottheit verehrt, deren Wohlbefinden sein höchster Wunsch und Zweck seines höchsten Bestrebens ist. Für die letztere Klasse ist ihr Kadaver der Mittelpunkt, um den sich ihr ganzes Denken und Trachten dreht; ihre Welt die Küche, ihr Himmel der Magen, die gute Verdauung der Gipfelpunkt aller Vollkommenheit, und sie selbst jedem zum Ekel. Die Enthaltsamkeit aber, die aus Tamas entspringt, ist die, die der Unwissenheit oder dem äußerlichen Zwange, der Entbehrung, entspringt.

Das L e b e n selbst hat seine drei solchen Aspekte; das wahre, das falsche und das bloße Scheinleben. Das Leben, dem Sattwa zugrunde liegt, ist das wahre Leben. Ein solcher Mensch lebt nicht nur in dieser Welt, sondern in einer höheren Sphäre; d. h. er erkennt sich als einen Bürger der übersinnlichen und himmlischen Welten und nimmt an deren Freuden teil, während er vermittels seines irdischen Körpers das Leben auf Erden genießt. Tod und irdisches Leben sind ihm gleichgültig; er weiß, dass sein Dasein auf Erden nur ein Schulbesuch, eine kleine Episode in seinem ewigen Dasein ist. Der von Radschas beherrschte Mensch kennt nur das äußerliche Leben und klammert sich an dasselbe. Der Zweck seines Daseins ist eine Chimäre; sei es nun, dass es die Anhäufung äußerlicher Reichtümer, oder veränderlichen Gelehrtenkrames, oder die Befriedigung der sinnlichen Begierden, Essen und Trinken usw. ist. Ein solcher Mensch kennt den wahren Zweck seines Lebens nicht; sein Leben ist eine Krankheit. Wer aber von Tamas beherrscht ist, der lebt nicht, sondern er vegetiert; er lebt entweder gedankenlos dahin oder wendet sein Leben zu törichten Zwecken an:

Es ist in okkulten Schriften häufig von G l e i c h g ü l t i g - k e i t die Rede. Aber auch diese ist dreierlei und ganz verschieden je nach dem Grunde, aus dem sie entspringt. Die von Weisheit durchdrungene Gleichgültigkeit entspringt aus der Erkenntnis des Gesetzes der Notwendigkeit. Sie sieht das

Gute, das aus scheinbarem Übel entspringt; sie bejammert nicht das endliche Böse, wodurch der Mensch auf den Weg zum unendlichen Guten geleitet wird. Der von Radschas besessene Mensch ist gleichgültig gegen alles, nur nicht in Bezug auf seine eigene Person oder in Bezug auf das, was er begehrt. Er ist selbst der Mittelpunkt, um den die ganze Welt sich dreht: ihm wäre es gleichgültig, wenn alles zugrunde ginge, wenn nur dadurch seine Laune befriedigt würde. Er ist vielleicht ein Menschenfeind, der ganz in seinen Egoismus zurückgezogen lebt; vielleicht ein »Frommer«, der die ganze Menschheit verdammen möchte, um seine Person in den Himmel zu schmuggeln. Es gibt alle möglichen Variationen dieses Charakters. Der Mensch, der infolge von Tamas gleichgültig ist, ist es aus Dummheit; ein halber oder ganzer Idiot nimmt er an nichts teil, weil er an nichts teilzunehmen fähig ist.

Auf diese Art könnten wir fortfahren, alle möglichen menschlichen Eigenschaften und die daraus entspringenden Handlungen mit ihren Beweggründen zu untersuchen. Das kann aber füglich jedem selber überlassen bleiben, der die Lehre von den drei Gunas kennt.

Die Bhagavad Gita sagt:

»Wenn durch alle Tore des menschlichen Gemütes das helle Licht der Erkenntnis scheint, so ist Sattwa in ihm zur Reife gekommen.

»Habsucht, Eigensinn, Tatendrang, Unruhe und Begierde werden in ihm erzeugt, wenn Radschas reif ist.

»Geistige Finsternis, Untätigkeit, Nachlässigkeit, Torheit, Zweifel erscheinen, wenn Tamas vorherrscht *).

Nun ist aber die Natur des Menschen eine zusammengesetzte. Er kann in mancher Beziehung große Erkenntnis besitzen, in anderen Beziehungen von Leidenschaft beherrscht sein, in wieder anderen Richtungen völlig unwissend sein. Das intellektuelle Prinzip kann in ihm in höchster Tätigkeit,

---

*) Bhagavad Gita. Kap. XIV, 11—13.

und dabei das geistige Prinzip völlig untätig sein, oder er kann ein geistig erleuchteter Mensch und dennoch wissenschaftlich ungebildet sein; er kann zugleich dumm und leidenschaftlich sein, einen gewissen Grad von Erkenntnis besitzen und doch viele Untugenden haben. Hier wird nun die in ihm vorherrschende Eigenschaft die Art seines Wesens bestimmen. »Wenn Radschas und Tamas besiegt sind, so herrscht nur Sattwa im Menschen. Wenn Radschas und Sattwa untergehen, so bleibt Tamas übrig, und wenn Tamas und Radschas verschwinden, so ist Radschas in Tätigkeit *).«

Aus der Zusammensetzung dieser drei Eigenschaften in der Natur des Menschen geht der Grund seines Charakters hervor. Sie bestimmt nicht nur seine Handlungen in dieser Welt, sondern auch den Zustand, in dem er sich befinden wird, wenn sein Körper stirbt. Hierüber belehrt uns die Bhagavad Gita wie folgt:

»Wenn die sterbliche Natur des Menschen **) zur Auflösung kommt, wenn Sattwa in ihm reif ist, so geht er ein in die reinen Regionen der Guten, die nach dem Höchsten strebten.

»Stirbt sein Körper, wenn Radschas in seiner Natur vorherrschend ist, so wird er wieder unter Menschen geboren, die an ihre Werke gebunden sind.

»Nimmt er vom Leben Abschied, wenn Tamas in seiner Natur regiert, so wird er unter den Toren geboren ***).«

Es ist wohl selbstverständlich, dass da von keiner willkürlichen Belohnung oder Bestrafung die Rede sein kann, sondern jeder gravitiert dorthin, wohin er seinem inneren Wesen oder Charakter nach gehört. Dieser Charakter wird aber gebildet durch die Handlungen, die der Mensch vollbringt. Wir wissen, je öfter wir ein und dieselbe Art von Handlung begehen, umso mehr wird sie uns zur Gewohnheit und damit zu unserer »zweiten Natur«. Manches, was im Anfange sehr

---

*) a. a. O. V, 10.
**) Der physische Körper und der Leib der Begierde (Kama Rupa).
***) Bhagavad Gita. XIV, 14—15.

46

schwer auszuführen ist oder mit Widerwillen geschieht, wird am Ende instinktiv, ohne Vorbedacht und mit Vergnügen getan. Seiltänzer, Musiker, Künstler aller Art sind Beispiele davon; aber Tugenden sowohl als auch Laster aller Art werden schließlich zur Gewohnheit; nicht nur im Verlaufe von einer einzigen, sondern oft erst im Verlaufe von mehreren Inkarnationen. Ein bösartig ausgebildeter Mensch kann dahin kommen, dass er in seiner nächsten Wiederverkörperung eine so vergiftete geistige Kraft erlangt, dass schon sein Blick selbst, ohne dass er es wünscht, einen schädlichen Einfluss auf Menschen, Tiere und Pflanzen ausübt, und die Erklärung dafür gibt die okkulte Philosophie. Ebenso kann in einem Menschen das Gute, Wohlwollen, Barmherzigkeit usw. so zu seinem eigenen Wesen werden, dass seine bloße Gegenwart schon auf jedermann wohltätig wirkt.

Alles in der Welt und somit auch der Charakter des Menschen bildet sich durch die Tat, und nicht durch Grübeln, Schwärmerei oder Theorie. Die Seele der Tat aber ist das Motiv, und das Motiv ist verschieden, je nach der Eigenschaft, aus der es entspringt. Der Weise handelt aus Erkenntnis, der Gierige aus Begierde, der Tor aus Unwissenheit, und weise Handlungen machen den Menschen weise, selbstsüchtige Handlungen machen ihn immer mehr selbstsüchtig, törichte Handlungen machen einen immer größeren Toren aus ihm. So bringt auch hier das Eine das Andere hervor.

IV. DER GEDANKE

»Der Sinn, der Geist, das Wort, die
lehren frank und frei, So du es fassen kannst, wie Gott dreieinig sei.«

Joh. Scheffler, gest. 1677.

Wer sich mit Theosophie beschäftigen will, der muss fähig sein, sich auf einen viel höheren Standpunkt aufzuschwingen, als ihn die moderne Wissenschaft oder die spekulative Philosophie einnimmt. Damit ist nicht gesagt, dass alles irdische Wissen, vom weltlichen Standpunkte betrachtet, nichts wert sei; es ist vielmehr ein sehr notwendiger und nützlicher Behelf wo es an der wahren Erkenntnis des Ewigen, die aber nicht mit frommer Schwärmerei zu verwechseln ist, fehlt. Die materielle Wissenschaft sucht durch die Beobachtung von Naturerscheinungen, die spekulative Wissenschaft durch logische Schlussfolgerungen sich ein Bild davon zu machen, was die Wahrheit in Wirklichkeit wohl sein könnte; wo aber die richtige Anschauung und Erkenntnis vorhanden ist, da sind diese Notbehelfe nicht mehr nötig. Diese Erkenntnis von geistigen Dingen kann naturgemäß keine andere als eine geistige sein und tritt erst dann ein, wenn der menschliche Geist vom göttlichen Geiste der Selbsterkenntnis durchdrungen und erleuchtet ist. Gott ist die höchste wahre Wesenheit in allein und die Theosophie oder Gotteserkenntnis die Selbsterkenntnis Gottes im All; sie ist die Selbsterkenntnis des Wesens im Menschen, aus dem das Reich seiner Gedanken entspringt und in die subjektive oder objektive Erscheinung tritt; sie kann von niemandem der ohne Gottesbewusstsein ist, erworben oder ausgeübt werden; wohl aber kann der im Menschenherzen schlummernde Funke zum Selbstbewusstsein erwachen und jenen Grad der Erkenntnis erlangen, in dem sich der über die Selbstheit erhobene Mensch als Ebenbild Gottes und im Besitze von göttlichen Kräften erkennt. Die äußerliche Wissenschaft beruht auf der Kenntnis der Vielheit äußerlicher Vorgänge, die okkulte Wissenschaft auf der Erkenntnis der Einheit, Allgegenwart und Majestät GOTTES im ganzen, und von diesem erhabenen Standpunkte erkennt sie die innerlichen Ursachen der Erscheinungen im Reiche der Natur.

Um aber das, was geistig erkannt worden ist, durch den äußerlichen Verstand zu prüfen, dazu ist die ganze Welt voller Analogien. Die sichtbare Welt ist das Produkt unsichtbarer Kräfte und folglich die sichtbaren Formen Symbole unsichtbarer Prinzipien. Wenn wir das Gesetz im Großen und Ganzen erkennen, so können wir es auch in seinen Wirkungen im Kleinen in der äußeren Natur wieder erkennen. Wenn wir durch geistige Anschauung den Vorgang der Schöpfung erkannt oder auch nur geahnt haben, so sind wir nicht erstaunt, ihn in einem Hühnerei sinnbildlich dargestellt zu finden.

Schon in den ältesten Schriften der Inder wird gesagt, dass die Welt aus einem Ei entstanden sei, und das ist eine begreifliche Tatsache, nur darf man sich unter diesem »Ei« kein Hühnerei vorstellen. Um die Entstehung des Universums aus dem Weltenei anschaulich zu machen, wollen wir in kurzem betrachten, was die okkulte Wissenschaft darüber sagt. Vor allem handelt es sich dabei darum, uns den Unterschied zwischen Gott und Natur klarzumachen, und dazu ist etwas mehr als der Scharfsinn des im Staube wühlenden irdischen Verstandes nötig, nämlich die Empfindung der geistigen Erhabenheit, die die Größe und Gegenwart Gottes in allein erkennt. Das »Ei«, aus welchem die Welt entstand, ist der »Raum«.

Niemand leugnet das Dasein des Raumes, der für uns alle unendlich erscheint; aber der Raum ist nicht Gott, wohl aber ist die ewige Gottheit in jedem Dinge, im kleinsten Atome sowohl als auch im unendlichen Raume überall vorhanden Sie ist in der Tat das eine Leben im Weltall, die eine Wirklichkeit, während die ganze Natur mit allen ihren Erscheinungen, ihren Kräften, ihrem Bewusstsein und ihrer Intelligenz nur eine Offenbarung dieser ewigen Wirklichkeit ist. Diese ewige Wirklichkeit ist für unsere Sinne unwahrnehmbar, und auch der menschliche Gedanke kann sie nicht erfassen; wohl aber ist sie der geistigen Anschauung nahbar, und durch die geistige Erkenntnis kann sie offenbar werden. Die Gottheit selbst wird nicht zum Raume und nicht zur materiellen Natur, wohl aber sind alle Dinge durch den Geist Gottes ins Dasein gekommen und kehren am Ende durch diesen Geist wieder in den Schoß der Gottheit zurück. Wahres Leben und Selbstbewusstsein ist nur im Geiste Gottes zu finden; das Leben und Denken in der Materie ist nur ein Dasein in der Erscheinung und an sich selber eine Illusion. »Gott« in gewissem Sinne ist alles, denn außer ihm ist nichts; aber in diesem Einen ist zu unterscheiden der Geist und die Natur oder das Wesen selbst und dessen Offenbarung in der Erscheinung. Die Bhagavad Gita sagt in Beziehung auf diesen Unterschied: »Diese Körper werden Gefäße genannt. Das, was in ihnen Bewusstsein hat, heißt der Geist. — Wisse, dass Ich, der Geist, in allen Dingen enthalten bin. Das Erkennen von Stoff und Geist ist die wahre Erkenntnis *).

Desgleichen heißt es in den Veden der Inder: »Das, was weder Geist noch Materie, weder Licht noch Dunkelheit, aber in Wahrheit der Ursprung von beiden ist, und das, was diese beiden enthält, das bist du (das Selbst). Die Wurzel bringt jeden Morgen ihren Schatten hervor und wirft ihn auf sich selbst zurück, und diesen Schatten nennst du Licht und Leben, o arme, tote Form. Das Lebenslicht strömt hinab durch die siebensprossige Leiter der sieben Welten, von der jede Sprosse dichter und dunkler als die vorhergehende ist. Diese siebenmal siebenfältige Leiter musst du erklimmen, sie ist in

---

*) Bhagavad Gita. XIII, 1. u. 2.

dir selbst, o kleiner Mensch, widergespiegelt. Du bist es selbst, und du erkennst es nicht.«

»Wir haben es somit mit zweierlei Leben zu tun die allerdings während des irdischen Daseins zu einem einzigen Leben verbunden sind, nämlich mit dem irdischen Leben und Bewusstsein, und mit dem Leben und Bewusstsein im Geistigen, und über diesen beiden steht das Selbst, das sowohl auf dem einen als auf dem anderen Plane leben und bewusst werden kann. Das eine dieser zwei Leben ist vergänglich, das andere unvergänglich. Wer diese beiden Daseinszustände tatsächlich voneinander unterscheiden kann, der ist sich seines unsterblichen Daseins bewusst geworden; denn wäre er sich des höheren Daseins nicht bewusst, so könnte er auch das geistige Leben von dem vergänglichen nicht unterscheiden.«

Betrachten wir die Zusammensetzung eines Vogeleies, so finden wir darin folgendes:

1. Die Schale, die aus Mineralbestandteilen usw. zusammengesetzt ist.

2. Das Häutchen, das das Innere umgibt.

3. Das Eiweiß, das die eigentliche Nahrung des Embryos liefert.

4. Den Dotter, die Grundlage der Organisation des Vogels.

5. Den »Keim« oder Embryo selbst.

Metaphysisch betrachtet aber finden wir noch zwei wenn auch sinnlich nicht wahrnehmbare Dinge, nämlich:

6. Die Lebenskraft, die das Ganze durchdringt, und ohne die aus dem Ei kein Hühnchen sich entwickeln könnte, und

7. Die Idee, die das Ei und später das Huhn darstellt, und die nicht stirbt, wenn auch das Ei und das Huhn nicht mehr vorhanden sind.

In ähnlicher Weise lehrt uns die okkulte Wissenschaft die Beschaffenheit des Welteneies; denn auch in diesem sind, wie oben gesagt wurde, sieben Daseinspläne zu unterscheiden, von denen jede wieder ihre sieben Unterabteilungen hat, von denen der eine Zustand immer dichter und dunkler als der vorhergehende ist. Wir finden da:

1. Die äußere Schale, d. h. die irdische Körperwelt, die die sichtbare Hülle der unsichtbaren Dinge, die Welt der Erscheinungen ist. Das ist die aus »vier Elementen« zusammengesetzte Welt, in der man feste flüssige und gasförmige Zustände (Erde, Wasser, Luft) und Kräfte (Feuer) unterscheidet. Zu dieser gehört die Welt des »fünften Elementes«, d. h. des Äthers, nämlich:

2. Die ätherische Welt (Linga Sharira), die zwar für die meisten Menschen unsichtbar, aber dennoch materieller Natur ist. Über dieser steht

3. die Astralwelt oder das Astrallicht, das sich zum Weltenei in gewisser Beziehung ähnlich verhält wie das Eiweiß zum Hühnerei.

4. Das Kamarupa oder der Sitz der Begierde, die Ursache des Wachstums.

5. Die Ideenwelt (Manas), die Welt des Denkens die formenbildende Kraft.

6. Die rein geistige oder göttliche Welt, die Welt der Erkenntnis (Buddhi).

7. Der Geist (Jiva), dem alles Leben (Prana) und Bewusstsein entspringt, und der zugleich die eigentliche unsichtbare Schale, die Peripherie sowohl als auch das Zentrum von allem ist.

Auch der Mensch ist eine solche siebenmal siebenfache Welt, von einer unsichtbaren geistigen Sphäre wie von einem Ei umgeben, wenn auch diese Schale nur dem geistig eröffneten Auge sichtbar ist, da sie die Sphäre seines geistigen Daseins ist. In diesem Ei ist alles enthalten, was zu seinem Wesen, seinem Leben, seinem Charakter, Empfinden und Denken gehört; es ist die Sphäre seines Daseins und zugleich der Kreis seiner Beschränktheit; denn der Mensch kann nichts erkennen, was jenseits der Sphäre seines Bewusstseins liegt. Erweitert sich der Kreis seines Bewusstseins, so wird auch der Kreis seiner Erkenntnisse größer; nur der Geist selbst ist an keine Grenzen gebunden, hat aber ohne Bewusstsein auch keine Erkenntnis. Deshalb spiegelt sich das Unbegrenzte in begrenzten Formen wieder und tritt in die »Gefäße« ein, um aus dem Zustande der Nichterkenntnis in den der Erkenntnis zu gelangen. Jede Form, vom Atome hinauf bis zum Universum, ist ein Ei, in dem der Keim der Erkenntnis, vom unendlichen Geiste ins Herz der Form gelegt, sich durch die Kräfte der Form zu entwickeln strebt, um am Ende zum Bewusstsein seines wahren Daseins in der Unendlichkeit zu gelangen. Jede Form ist eine Erscheinung, die einen Gedanken ausdrückt, und jedem Gedanken liegt ein Sinn zugrunde; jedes Ding ist, mit anderen Worten, eine vermittels des konkreten Gedankens zum Ausdruck gebrachte ursprünglich abstrakte Idee, und als solche ein siebenfach zusammengesetztes Wesen, ein Ei, in dem potentiell alles was zu seiner Entwicklung nötig ist, sich befindet, wenn auch sein Dasein nur vorübergehend, ähnlich dem einer im kochenden Wasser aufsteigenden Luftblase, ist.

Man ist gewohnt zu glauben, dass es nicht von großer Wichtigkeit sei, was der Mensch denkt, sondern dass alles nur daran liegt, was er tut; wer aber sein eigenes Wesen einmal kennen gelernt hat, der weiß auch, dass die äußere Schale nicht das Wichtigste ist, und dass man auch ohne den sichtbaren Körper fortexistieren kann. Das Sichtbare ist nur das Symbol und die äußerliche Verkörperung des Unsichtbaren; ein Gedanke ist bereits ein verkörpertes Wesen, sobald er, wie man in der Sprache der Mystiker zu sagen pflegt, »ausgesprochen«, d. h. eine vom Willen belebte bestimmte Form im Gemüte angenommen hat. Der bewusste Wille, mit anderen Worten »der Geist« ist das Leben des Gedankens und die Quelle seiner Bewegung; er befähigt den Gedanken, als ein gewissermaßen selbständiges Wesen kürzere oder längere Zeit, je nach der ihm mitgeteilten Energie, fortzuexistieren und Wirkungen zu erzeugen, die von dem Willen dessen, der diesen Gedanken erzeugt hat, unabhängig sind, wohl aber auf ihn selber zurückwirken müssen, da jedes Geschöpf und folglich auch jeder Gedanke mit dem Schöpfer, der es erzeugt hat, solange es lebt, in enger Verbindung bleibt.

Hier erinnern wir uns an die Worte eines Adepten, die bereits an anderer Stelle zitiert wurden *):

»Jeder zur Reife gekommene Gedanke eines Menschen tritt in eine andere Welt (die Astralwelt) ein und wird ein selbsttätiges Geschöpf, indem er sozusagen einem (mit seiner Natur) korrespondierenden Elementarwesen sich zugesellt oder mit ihm zusammenfließt; d. h. mit einem der halbintelligenten Naturkräfte, die jene Welt bewohnen. Dort lebt er fort als ein bewusstes Wesen, als ein Produkt des Bewusstseins, längere oder kürzere Zeit, je nach der Intensität der Kraft, die ihn erzeugt hat. So wird durch einen guten Gedanken ein wohltätiger Engel und durch einen böswilligen Gedanken ein boshafter Teufel geschaffen. Auf diese Art bevölkert der Mensch fortwährend seine Laufbahn mit den Produkten seiner Vorstellungen, Begierden, Instinkte und Leidenschaften, und die Kräfte, die er dabei in Bewegung setzt, wirken wieder auf andere Menschen, je nach dem Grade ihrer Empfänglichkeit ein. Der gewöhnliche Mensch tut das unbewusst, der Wissende (d. h. der sich seiner selbst wirklich bewusste Mensch) mit Bewusstsein.«

Betrachten wir mit dem Auge des Verstandes die Evolution eines Gedankens, so finden wir folgendes:

1. D i e   B e g i e r d e , d. h. das anfangs unbestimmte und formlose Sehnen ein innerlicher Drang oder Wunsch, über den man sich bei seinem ersten Auftreten selbst nicht klar ist. Nach und nach oder auch plötzlich taucht darin auf

2. d i e   I d e e . Hierdurch erlangt die Begierde Objektivität. Man weiß nun ungefähr, was man will, hat es sich aber noch nicht zurechtgelegt Nach und nach nimmt die anfangs unbestimmte Idee eine bestimmte Form an, und es bildet sich daraus

3. d e r   G e d a n k e oder die Vorstellung. Aber mit der Vorstellung allein ist noch nicht viel gedient; sie hat weder

---

*) Magie. S. 119

Kraft noch Leben, solange es ihr am Willen zur Ausführung fehlt. Deshalb kommt nun

4. d e r W i l l e. Er ist das Leben des Gedankens und zugleich seine Hülle. Durch ihn wird der Gedanke begrenzt, und durch ihn erlangt der Gedanke ein individuelles

5. B e w u s s t s e i n, das, wenn die Begierde durch das Feuer des Willens zur Leidenschaft wird, selbst das ganze Bewusstsein des Menschen beherrschen kann. Der Wille ist aber eine geistige Kraft, die einem Plane angehört, der höher als der Astralplan liegt, wohl aber auf die daselbst befindliche »Materie« einwirkt und sie in Schwingungen versetzt. Deshalb drückt sich der Gedanke zunächst auf diesem Plane aus.

6. D i e A s t r a l s u b s t a n z oder das im A s t r a l l i c h t e hervortretende Bild. Dieses aber besteht aus Schwingungen, die sich auf den Äther fortpflanzen können, und deshalb ist der dichteste Teil eines solchen Elementar-Wesens

7. d e r ä t h e r i s c h e K ö r p e r, der sich schließlich unter gewissen Umständen sogar in grobe, sinnlich wahrnehmbare Materie kleiden kann, wie das alltäglich in der Werkstätte der Natur geschieht.

Das sind die Bewohner der Bewusstseinssphäre des Menschen und auch die Bevölkerung der »Seele« der Welt. Die Gedanken, die im Gehirne des Menschen sich bilden und von seinem Willen belebt werden, sind die »Vögel«, die aus seinem Vogelbauer in die Welt hinausfliegen und sich bald da, bald dort niederlassen, ohne dass er es weiß. Je mehr der Mensch geistige Kraft und Erkenntnis hat, um so mehr haben diese Sendlinge Leben und Bewusstsein, und es ist zweifellos richtig, dass ein geistig erleuchteter Denker, selbst wenn er in der Einsamkeit lebt, durch sein Denken mehr Nutzen in der Welt schaffen kann, ,als ein Regiment geistloser Theoretiker mit ihren Vorlesungen und Predigten.

Die nun zur Mode gewordenen Experimente mit »Hypnotismus«, »Suggestion« usw. haben auch angefangen, den Repräsentanten der europäischen Wissenschaft die Augen zu öffnen zu der Erkenntnis, dass Gedanken »wirkliche Dinge«

sind, die sowohl Nutzen als auch Schaden stiften können. Dass aber die Ideen, die ein Mensch ins Leben gerufen hat, auch nach dem Tode seines Körpers noch fortbestehen, das weiß bereits jedermann.

Je mehr ein Mensch Herr über seine Gedanken ist, umso mehr hat er Macht über sie und kann sie durch die Kraft seines Willens dorthin senden, wo er will. Es kann deshalb auch ein Mensch auf einen anderen mit Bewusstsein auf die weiteste Ferne wirken, und es ist dabei nichts »Übernatürliches« im Spiele, es handelt sich nur um die Fähigkeit, die Gedanken im Zaume zu halten. Oberflächlichen Denkern und geistlosen Halbgelehrten erscheint das als eine Unmöglichkeit, und in ihrer Aufgeblasenheit spotten sie darüber; aber die Menschen sind in dieser Beziehung den Tieren sehr ähnlich; sie widersetzen sich dem Unbekannten, fügen sich aber leicht, sobald es gelingt, ihnen begreiflich zu machen, um was es sich eigentlich handelt.

Die Gedanken eines Menschen, wenn sie auch noch so sehr zerstreut und temporär von ihm abwesend sind, bilden dennoch einen Teil seines Wesens und sind mit ihm durch ein unsichtbares Band verknüpft. Selbst nach dem Tode seines Körpers gehören sie ihm zu. und nehmen an der Bildung seines Astralkörpers bei seiner nächsten Reinkarnation wieder Anteil, wie ja auch eine zur Ruhe gekommene Saite, wenn sie wieder angeschlagen wird, denselben Ton wieder erklingen lässt. Um aber das Naturgesetz, demzufolge dieses geschieht, zu begreifen, dazu ist eine Kenntnis der psychischen und geistigen Konstitution des Menschen nötig, auf deren Besprechung wir später zurückkommen werden. Und wie ein geistig energischer Mensch seinen Gedanken in die Ferne senden kann, so dass er überall eindringen kann, wo er eine für einen solchen Einfluss empfängliche offene Stelle findet, so kann ein solcher Mensch sich durch dieselbe geistige Willenskraft auch eine Hülle schaffen, die ihn wie ein Zauberkreis in seiner Bewusstseinssphäre umgibt und ihn gegen die Einflüsse der von außen kommenden Gedanken anderer Menschen schützt. Ein solcher Mensch steht geistig auf eigenen Füßen, und eine feste Burg ist sein geistiger Wille, sein GOTT.

Da heutzutage das meiste Wissen nur ein auf dem Scheine beruhendes Scheinwissen ist und meistens aus Autoritätenglauben, nicht aber aus eigener Anschauung, eigener Ansicht, eigener Erkenntnis entspringt, so gibt es auch manche, die die siebenteilige Einteilung der Zusammensetzung der Natur und des Menschen nicht »annehmen wollen, weil sie noch nicht den orthodoxen Glaubens-Artikeln der modernen Wissenschaft eingereiht ist. Für den selbstdenkenden Menschen aber handelt es sich ja gar nicht darum, ein solches Dogma blindlings anzunehmen, und es wird kein solcher blinder Glaube von ihm verlangt. Die okkulte Wissenschaft lehrt nichts anderes als Tatsachen, von denen sich jeder durch eigene Einsicht Überzeugung verschaffen kann, sobald er fähig wird, sie zu erkennen. Die Wahrheit ist die Wirklichkeit und deshalb für jeden, der sie wirklich erkennt, ein selbstverständliches Ding. Es braucht z. B. niemand blindlings zu glauben, dass in einem Hühnerei die oben beschriebenen sieben Elemente enthalten seien, sondern es steht ihm frei, sich selbst davon zu überzeugen, und wenn er dabei noch einen achten wesentlichen Bestandteil finden kann, so wünschen wir ihm Glück zu seiner Entdeckung. Geradeso verhält es sich aber auch mit der siebenteiligen Einteilung der Prinzipien eines Gedankens, ja der Prinzipien des Menschen und auch der des ganzen Weltalls mit allem, was darin ist, weil ja jedes Ding in der ganzen Natur, von einem Vogelei angefangen bis zu einem Sonnensysteme, nur der Ausdruck eines Gedankens ist, und eine äußere Erscheinung in ihrem Wesen nicht verschieden konstituiert sein kann von dem Gedanken, der sie erschafft. Wer sich selber genau zu betrachten versteht, der wird, ganz abgesehen von allen Theorien, in sich selber sieben Daseinsstufen, nicht mehr und nicht weniger, finden.

Wenn wir mit dem Auge der geistigen Erkenntnis alle Dinge bis in den Grund ihres innersten Wesens verfolgen, so finden wir, auch ohne jemals davon unterrichtet worden zu sein, dass ihr materielles Dasein aus einer immateriellen Wesenheit entspringt, die zu gleich Substanz, Energie und Bewusstsein, oder vielmehr keines von diesen speziell, sondern etwas Namenloses ist, das sich uns als diese Dreiheit offenbart. Dieses namenlose Eine kann als »Geist«, »Weltkraft«, »Weltseele«, »prima materia« usw. bezeichnet werden: aber alle diese Bezeichnungen sind unvollkommnen und lassen sehr viel zu wünschen übrig, da der analysierende Verstand, der selbst das Unheilbare zu zerlegen sucht, sich nicht über die Verschiedenheit seiner Anschauungsformen zur Selbsterkenntnis des ewig Einen erheben kann. Dieses ewig Eine, das alles in allein ist, und aus dem alles, was da ist, gemacht ist, und ohne das nichts von allem, was da ist, existiert *), wurde das »Wort« genannt, weil es die Energie ist, durch deren Tätigkeit im ganzen Weltall, und auch in jedem einzelnen Dinge, der dem Dinge zugrunde liegende Gedanke Gestalt annimmt und, sei es im Reiche des Sichtbaren oder des Unsichtbaren, ins Dasein tritt.

Wer aber weiß, was das »Wort« ist, der sieht auch, ohne dass man es ihm erst zu sagen braucht, dass es das Prinzip ist, aus dem sowohl die Tonschwingungen als auch die Lichtschwingungen entspringen, noch könnte es vernünftigerweise als etwas anderes betrachtet werden denn da a l l e s aus dem »Worte« entspringt, so ist es auch die Grundursache von Ton und Licht, und zwar weder der eine noch das andere, sondern die Ursache von beiden in einem. Jedes Ding besteht somit aus Licht und Ton, und da wir wissen, dass es sieben Arten von Tonschwingungen in einer Oktave gibt, und sich ein Lichtstrahl in sieben Farben zerlegen lässt, die sieben Arten von Lichtschwingungen darstellen, so liegt der Schluss nahe, dass jedes Ding aus sieben Modifikationen eines einzigen Urprinzips besteht und auch nicht anders beschaffen sein kann.

Wir wissen aber auch, dass in einer Oktave ein voll-

---

*) Johannes I, 1—3.

58

ständiger Akkord aus drei Tönen besteht, nämlich dem Grundton, der Terz und Quint, und dass in den sieben Farben des Regenbogens drei Grundfarben enthalten sind, Rot, Grün und Blau. Desgleichen können wir jedes Ding statt als eine Oktave von sieben Noten oder Farben als einen Dreiakkord von Geist, Seele und Körper oder von Energie, Substanz und Form betrachten. Wir können in einem Ei, anstatt die einzelnen Bestandteile zu betrachten, nur eine Einteilung zwischen der Schale, dem Innern und dem Kern machen, im Menschen nur den Unterschied betrachten zwischen seiner körperlichen, seiner Tiernatur und seinem göttlichen Wesen. Alle solche Auffassungen sind nicht willkürlich, noch sind die Dinge, die dabei in Betracht kommen, in ihrem innersten Wesen voneinander verschieden, sondern jede dieser Anschauungen ist richtig, je nach dem Standpunkte, von dem sie betrachtet wird. Die Auffassung aber wird verschieden sein, je nachdem wir ein Ding von dem geistigen, dem intellektuellen oder dem materiellen (sinnlichen) Standpunkte aus betrachten, und der Standpunkt, von dem wir ein Ding betrachten, wird vor allem davon abhängig sein, welchen Standpunkt wir selbst einzunehmen fähig sind. Das aber hängt wieder von unserer eigenen Entwicklungsstufe ab, und ein Mensch, der ein Ding geistig betrachten kann, wird es in einem ganz anderen Lichte sehen, als wer es nur »wissenschaftlich« oder gar nur mit seinen tierischen Sinnen betrachtet.

Was wir von einem Gedanken sinnlich wahrnehmen können, ist nichts als die Form, in die er sich durch seine Verkörperung gekleidet hat. Intellektuell betrachtet erkennen wir ihn als ein Bild oder eine Vorstellung, eine Idee. Geistig betrachtet finden wir ihn als das Produkt einer Vorstellung, dessen bewegende Kraft der Wille und dessen Seele und Leben das Bewusstsein ist, und je mehr das Bewusstsein in ihm offenbar ist, umso lebendiger ist der Gedanke, und je mehr die Willenskraft ihn erfüllt, umso kräftiger und dauerhafter und wirksamer ist er. Wille und Bewusstsein aber sind zusammen das, was man als »Geist« bezeichnet; aus dem Geiste entspringt die Absicht, die den Gedanken leitet, und der Wille, der ihn bewegt.

Es ist somit in jedem einzelnen Gedanken alles enthalten, was für ihn zu einem selbständigen individuellen Dasein nötig ist, ob nun dieses Dasein den Bruchteil einer Sekunde oder eine Zeitdauer von Jahrtausenden hat.

Das ganze Weltall mit allen seinen Erscheinungen ist ein Gedanke; ein jedes Sonnensystem mit allen seinen Planeten, seinen Reichen und den darin lebenden unsichtbaren sowohl als auch sichtbaren Bewohnern ist ein solcher Gedanke, dem ein Sinn, ein Wille, ein Geist, ein Bewusstsein zugrunde liegt. Jedes Ding bis herab zum geringsten Atom ist ein Zentrum von Kräften, das einen Sinn, eine Absicht, einen Zweck seines Daseins hat, und dieser darin enthaltene Sinn, der nicht außerhalb des Dinges, sondern in dem Dinge selber zu finden ist, ist der Grund seines Wesens, sein Gott; dem Gedanke, der diesen Sinn darstellt, ist seine Substanz, und das »Wort« bekleidet ihn mit der äußerlichen Form, indem es die Kraft ist, die ihn zum Ausdruck bringt. Diese Kraft ist der geistige Wille, d. h. eine selbstbewusste und erkennende Willenskraft Ein Wille ohne Bewusstsein und ohne Erkenntnis ist ohne wahres Leben; ein von göttlicher Weisheit durchdrungener Wille ist göttlicher Natur und unsterblich. GOTT selbst ist dieser Wille, das ewige Wort, und Jakob Boehme bezeichnet deshalb GOTT als den Willen der ewigen Weisheit.

Wie jede andere Tätigkeit, so kann auch das Wollen seinen Ursprung in einer der drei Grundeigenschaften der Natur haben. Es kann aus der Weisheit (Sattwa), aus der Begierde (Radschas) oder aus der Unwissenheit (Tamas) entspringen, und seine Wirkung wird, je nach der Eigenschaft, aus der es entspringt und die ihm seinen Charakter verleiht, eine verschieden sein. Aus einem aus der Erkenntnis hervorgehenden Wollen werden weise Gedanken und edle Handlungen entspringen, deren Folgen dauerhaft sind und deren Rückwirkung auf ihren Urheber eine höchst günstige ist. Aus einem Wollen, das der Begierde, der Leidenschaft oder dem Egoismus entspringt, werden Gedanken und Taten entspringen, die Ursachen ins Leben rufen, die für ihren Urheber höchst verderblich sein können. Ein Wollen, das aus blinder Unwissenheit entsteht, gebiert Gedanken und Handlungen, die wohl physische Folgen, aber keine Rückwirkung auf dem moralischen oder geistigen Plane haben können, weil die die Gedanken belebende Absicht nicht dem moralischen Gebiete oder der geistigen Erkenntnis entsprang. Ein Idiot z. B., der, ohne es zu wollen oder zu wünschen, den Tod eines Menschen verursacht, ist dafür nicht moralisch verantwortlich, während ein Metzger, der aus Gewinnsucht einen Ochsen tötet, dafür moralisch verantwortlich ist, und ein Naturforscher, der zur Befriedigung seiner wissenschaftlichen Neugierde sich mit der Vivisektion einer Fliege belustigt, sich mit den teuflischen Elementen in seiner Natur identifiziert. Wer mit Erkenntnis gegen den Geist der Erkenntnis handelt, der sündigt wider den heiligen Geist.

Je mehr der Wille bewusst und der Gedanke von der Erkenntnis durchdrungen ist, umso mehr sind die bewussten Kräfte, die durch Wollen und Denken geschaffen werden, von Beständigkeit. Sie gehören zum Wesen dessen, der sie geschaffen hat, und wirken wieder auf ihn zurück. Die »Geister«, die einmal geschaffen sind, bleiben vorhanden, wenn sie auch aus unserer Erinnerung entschwunden sind; ja selbst der Tod unseres Körpers vernichtet sie nicht, und sie werden mit ihm wieder lebendig, wenn der Mensch von neuem ins Dasein tritt.

Das Gesetz des Karmas ist nicht ein Gesetz nur mechanischer Wirkungen, nicht ein Gesetz der eisernen Notwendigkeit. Eine solche Anschauung lässt das geistige Element darin außer Acht, und weil es nicht nach nur mechanischen Regeln wirkt, sondern vielmehr das Gesetz der göttlichen Gerechtigkeit, der Vorsehung sowohl als auch der Nemesis ist, so lässt es sich auch nicht nach rein mechanischen Regeln erklären. Das Gesetz des Karmas ist der Wille Gottes, der aber nicht wie der menschliche Wille von Launen und Gutdünken beherrscht, sondern von der göttlichen Weisheit nach ihren ewigen und unabänderlichen Gesetzen geleitet wird. Dieses Gesetz kann nur durch die göttliche Weisheit selber erkannt werden, aber die Wirkungen dieses Gesetzes können wir kennen lernen, wenn wir uns zu jener Weltanschauung erheben, durch die wir das Universum nicht als ein lebloses mechanisches Getriebe, sondern als einen lebendigen Organismus erkennen, in dem lebendige, intelligente und geistige Kräfte wirken, die aus dem Geiste geboren sind.

Die Vorsehung, die dabei tätig ist, macht sich dadurch kund, dass durch sie, vermittels des Gesetzes des Karma alles schließlich zum Besten geleitet wird, indem die Wirkung dieses Gesetzes das Böse vernichtet und (las Gute zu seinem Ursprunge zurückführt. Es ist das einzige Mittel, durch das begangene Fehler und Missetaten gesühnt werden können, und der große Lehrmeister, der denjenigen Weisheit bringt, die von seinen Lehren den richtigen Gebrauch machen. Würde das Gute nicht sich selber belohnen, und das Böse nicht in sich selbst den Keim der Vernichtung tragen, so wäre Gutes und Böses gleich; es gäbe keinen Kampf zwischen den beiden und folglich keinen Sieg des Guten über das Böse.

Der Wahlspruch von Theophrastus Paracelsus war: O m - ne donum perfectum a deo, imperfectum a di - abolo; d. h. »Alles Vollkommene kommt von GOTT, das Unvollkommene gehört dem Teufel (der Selbstheit) an«. Würden die Unglücklichen das Gesetz des Karma erkennen, so würden sie nicht über ihr Schicksal murren, sondern sich vielmehr bemühen, die Unwissenheit und Torheit in ihrer eigenen Natur zu zerstören und dem Lichte der Erkenntnis ihr Herz zu eröffnen. Hierdurch würden sie sich befähigen, alles zu vermeiden, was ihnen nach der Erschöpfung der durch vergangenes Karma zugezogenen Leiden eine neue Quelle des Leidens schafft. Die Nichterkenntnis des eigenen wahren und göttlichen Selbstes ist die Ursache aller Irrtümer, Sünden und Leiden; der einzige Erlöser daraus ist die Erkenntnis. Dieser Erlöser spricht auch heute noch zu jedem, der auf die

Stimme der Wahrheit hören will, gleichviel welchem Religionssysteme er angehört: »Kommet her zu mir alle, die ihr mühselig und beladen seid; ich will euch erquicken*).« Die wissenschaftliche Begründung dieses Ausspruches liegt aber darin, dass der, der sich mit seinem göttlichen Ich vereinigt, in dem kein Verlangen nach »Selbstheit« mehr existiert mit seinem vergänglichen »Selbst« auch aller Leiden, die mit dieser Selbstheit verbunden sind, ledig wird.

Dass diese Vernichtung nicht eine Vernichtung des Selbstbewusstseins, sondern vielmehr ein Erwachen zum wahren Selbstbewusstsein, ein Sieg des Geistes über das Materielle, ein Eintritt in die Freiheit und Unsterblichkeit ist, braucht kaum noch für die erwähnt zu werden, die zwischen dem Ewigen und dem Vergänglichen zu unterscheiden wissen, was die erste Bedingung zum Verständnisse der göttlichen Geheimnisse ist.

---

*) Matthäus XI, 28.

V. DAS REICH
DER ERSCHEINUNGEN

Alles, was wir sehen, ist eine Offenbarung
der Wahrheit; aber die Wahrheit selbst wird
darin von niemanden erkannt.

Unter dem »Reiche der Erscheinungen« versteht man
die »Körperwelt«, d. h. alles, was mit den Sinnes-
werkzeugen wahrgenommen wird; wie aber die Buchstaben
einer Schrift, selbst wenn sie noch so schön gezeichnet sind,
nicht der durch sie ausgedrückte Gedanke, sondern nur Symbole sind, durch die der im Gedanken enthaltene Sinn äußerlich dargestellt wird, so sind auch alle Erscheinungen in der
Natur, und wenn sie auch noch so sichtbar und greifbar und
körperlich sind, dennoch nichts anderes als Erscheinungen
durch die innerliche Kräfte äußerlich dargestellt sind, Symbole, durch die die Wirklichkeit sich darstellt, nicht aber die
Wirklichkeit und Wesenheit selbst. Die Wahrheit kann uns
nicht anders äußerlich offenbar werden, als durch äußerliche
Symbole, aus denen wir auf das Wesen der Dinge selbst
Schlüsse ziehen können; sie selbst, ist kein äußerliches Ding
und kann daher nicht äußerlich wahrgenommen werden, wenn
sie nicht innerlich erkannt wird. Ja noch mehr! Die wahre
Wesenheit im Universum ist eine Einheit und kein Stück-
werk; sie kann daher weder stückweise, noch von einzelnen
Stücken erkannt werden. Wer in seinem täuschenden Selbstwahne, der ja ein Produkt des Selbstbetruges ist, Wahrheit zu
suchen glaubt, wird sie niemals finden; die Lüge oder Täuschung kann die Wahrheit nicht begreifen. Da »Die Wahrheit« eine Einheit ist, kann sie nur von der Einheit selber er-

kannt werden. Wenn die Täuschung und der Irrtum des Selbstwahnes im Menschen überwunden ist und er sich selbst in der Einheit des Ganzen, d. h. in der Wahrheit gefunden hat, dann kann »Die Wahrheit« selbst in ihm sich offenbaren und der Geist der Wahrheit in ihm sich selbst im Inneren und Äußeren erkennen.

Alles habsüchtige Begehren und selbstsüchtige Suchen nach der Wahrheit ist deshalb nicht nur nutzlos, sondern das größte Hindernis zu ihrer Erkenntnis. Viele suchen nach der Wahrheit, um sie sich anzueignen und sich damit zu schmücken und zu bereichern, anstatt dass sie sich von der Wahrheit finden lassen. Sie suchen durch den Besitz der Wahrheit zu glänzen, anstatt die Wahrheit selbst in sich leuchten zu lassen, und deshalb können sie sie nicht erlangen; denn das eine Unendliche kann nicht von dem Beschränkten besessen werden; der menschliche Geist, der seine Einheit mit dem Geist der Wahrheit im All nicht empfindet, kann das Unendliche nicht fassen; das große Ganze kann nur sein Bild im Einzelnen und Kleinen widerspiegeln, und auch dann nur, wenn der Spiegel der Seele nicht durch Wissbegierde und Habsucht bewegt und durch ein Festhalten am Irrtum getrübt ist; wie sich ja auch das Bild der Sonne nur in einem klaren und ruhigen Teiche in seiner Vollkommenheit abspiegeln kann. Gott ist groß, und der Mensch ist klein. Je mehr der Mensch zappelt und strebt und seinen Eigenwillen anstrengt, um GOTT zu erkennen, umso weniger wird er zu dieser Erkenntnis gelangen. Wenn aber der Mensch den Irrtum fahren lässt und sich der göttlichen Weisheit ergibt, statt sie besitzen zu wollen, so wird Gott in ihm zur Selbsterkenntnis gelangen.

Alles Leiden, alle Torheit und Sünde auf dieser Welt entspringt aus der Nichterkenntnis der Wahrheit aller Unverstand der Obskuranten hat seine Ursache darin, dass man den Schein für das Wesen, Symbole für das was sie darstellen sollen, hält; dennoch ist der Schein ein Nichts ohne das Wesen; und alle Theorie, die auf dem Scheine beruht, eine bloße Scheinwissenschaft und in Wirklichkeit Nichtswisserei. Viele, besonders die in ihren Eigendünkel gehüllten Phantasten Lind Schwärmer, begreifen selbst diese Tatsache nicht, und glauben vielleicht, dass wir das Vorhandensein der Naturerscheinungen leugnen wollen, was selbstverständlich ein Unsinn wäre. Da sie den Schein für die Wirklichkeit halten, so ist die Wirklichkeit selbst für sie gar nicht vorhanden und ein undenkbares Ding. Nähme man von ihnen den Schein hinweg, so bliebe nichts mehr übrig. Es hat noch kein Theosoph behauptet, dass die Erscheinungen in der Natur nicht wirklich vorhanden seien; was man behauptet, ist, dass diese Erscheinungen eben nichts als Erscheinungen sind, hinter denen sich die Wahrheit verbirgt. Der Schein ohne das Wesen ist ein Nichts. Wer nur den Schein, nicht aber das Wesen erkennt, der erkennt in Wirklichkeit nichts. GOTT ist die Wirklichkeit und das Wesen von allem; der Mensch ohne GOTT eine Larve, ein leerer Schein, der das Wesen, das er nicht hat, auch nicht erkennen kann. Da aber GOTT das Wesen von allen Dingen ist, so ist er auch das eigentliche Wesen des Menschen, und es hindert ihn nichts, seine eigene Größe im Menschen zu erkennen, als der eigene Größenwahn des Menschen selbst, der dem Menschen diese wahre Selbsterkenntnis verhüllt. Um zu erkennen, dass der Schein nur ein Schein ist, muss man die Wirklichkeit erkennen; denn sonst kann der Schein nicht von ihr unterschieden werden. Um seine eigene Unwissenheit zu begreifen, muss man Weisheit besitzen. Wer in Wirklichkeit weiß, dass er nichts weiß, der hat die wahre Erkenntnis, und alles übrige Wissen kommt ihm aus eigener Anschauung zu; denn er hat in »Der Wahrheit« Wurzel gefasst und kann sie vom Schein unterscheiden. Von diesem Standpunkte der Wirklichkeit aus betrachtet kann man erkennen, was die Erscheinungswelt in Wirklichkeit ist, und nicht nur, was sie zu sein scheint.

Wer das allem Dasein zugrunde liegende einheitliche Wesen nicht erkennt, der kann auch das wirkliche Wesen der Einzelerscheinungen nicht in Wahrheit erkennen; er sieht nur ein scheinbar zusammengeflicktes Ganzes, nicht aber die

Einheit, die sich in einer Vielheit von Erscheinungen offenbart. Für ihn ist die Welt wie eine ferne Musik, von der er wohl einzelne Töne vernimmt, die, vom Echo zurückgeworfen, zu ihm herüberschallen, aber es fehlt ihm die Erkenntnis des Ganzen und deshalb auch das Verständnis dafür. Er sucht vergebens nach dem Ganzen in den einzelnen Stücken; er kann es nicht finden, weil er nicht in sich selbst die Einheit des Ganzen, d. h. die Identität seines wahren Wesens mit dem wahren Wesen aller Dinge im Weltall erkennt. Deshalb ist es auch unmöglich, irgendjemandem zu erklären, was die Gotteserkenntnis (Theosophie) ist, wenn er sie nicht schon hat. Man kann ihm nur sagen, was sie nicht ist, nicht aber, was sie ist. Wer sie aber schon hat, dem braucht man sie nicht erst zu erklären. Wenn man überhaupt von Dingen spricht, die über die Begriffsfähigkeit des Menschenverstandes erhaben und für ihn unerreichbar sind, so geschieht das nicht deshalb, um die wissenschaftliche Neugierde zu befriedigen, sondern um die Menschen zu ermutigen, selbst empfinden und denken zu lernen, sie von der relativen Wertlosigkeit alles Vergänglichen zu überzeugen und sie zu veranlassen, jenen höheren Daseinszustand in sich eintreten zu lassen, indem sie allein jene ihre wahre Selbsterkenntnis finden können, die kein anderer für sie finden kann.

Um die Wahrheit von dem Irrtum unterscheiden zu kennen, muss man auch den Irrtum kennen gelernt haben und aus ihm hinausgewachsen sein. Solange man selbst mit einer Torheit identifiziert ist, wird man auch nicht erkennen können, dass sie eine Torheit ist. Wer gänzlich in einem Traume befangen ist, wird nicht einsehen können, dass er nur träumt; erst wenn er erwacht und zu sich selber kommt, sieht er, dass er geträumt hat. So ist auch das menschliche Leben ein Traum, den man erst geträumt haben muss, und von dem man erwachen muss, um zu wissen, dass es nichts als ein Traum war. Es ist nicht viel damit gedient, sich selber glauben zu machen, dass das Leben ein Traum sei, solange man nicht selber davon erwacht. Es ist nichts damit gedient, das Wissen dieser Welt zu verachten, solange man nicht zur wahren Erkenntnis des Ewigen gelangt ist. Die Tiefe hat Wert für den, der in der Tiefe wohnt, die Höhe für den Hohen. Der Fisch im Wasser kann nur seine Umgebung kennen, aber er weiß nichts von der Größe des Meeres. Der Adler schwebt über dem Wasser und übersieht es in seiner Unendlichkeit. Der Fisch steckt darin, der Adler beherrscht es. So ist es mit dem Traume des menschlichen Lebens. Wer es nie geträumt hat, kennt es nicht; wer von diesem Traume befangen ist, weiß nicht, dass er träumt; wer daraus erwacht, der erkennt es als das, was es ist, und kann es beherrschen. Durch das Leiden gelangt der Mensch zum Erwachen und zur Erkenntnis; nicht dadurch, dass er in Sünde und Irrtum verharrt und darin stecken bleibt, sondern dadurch, dass er darüber hinauswächst und sich darüber erhebt. Deshalb freut sich der Himmel mehr über einen Sünder, der durch die Erfahrung zur Erkenntnis gekommen ist, als über neunundneunzig unwissende Gerechte, die nichts erfahren und nichts gelernt haben, und deshalb auch keine Erkenntnis, noch die daraus entspringende Seligkeit besitzen können *).

Es handelt sich nicht darum, Theorien kennen zu lernen, wie man selig werden könnte, sondern »Die Wahrheit« selbst zu erfassen, sie in sich aufzunehmen und zu verwirklichen und dadurch selbst in den Zustand der geistigen Selbsterkenntnis zu treten, der die höchste Seligkeit mit sich bringt. Die Erkenntnis der Wahrheit ist ihre Verwirklichung. Die Wahrheit ist die Wirklichkeit, das Wesen; alles, was nicht in uns selbst verwirklicht ist, gehört nicht zu unserem Wesen und ist für uns nur ein Schein. Das Wesen besteht, die Erscheinung vergeht. Was wesenlos ist, kann nicht von unendlicher Dauer sein, denn die Erscheinung ist der Veränderung unterworfen, wenn sie auch für kürzere oder längere Zeit, ja für Jahrtausende unverändert zu sein scheint. Die ganze Christenheit jagt nach Unsterblichkeit; jeder möchte gerne in

---

*) Lukas XV, 7.

seiner Person unsterblich sein; dennoch lehrt uns die Bibel, »dass niemand unsterblich ist, außer Gott *)«, der das eine Wesen von allem und in allem das Wirkliche ist. Der höchste Engel oder Adept ist, für sich selbst betrachtet, nichts als eine vergängliche Erscheinung, und in den Göttern selbst ist nichts unsterblich als Gott. Darin stimmt die christliche Lehre mit dem Buddhistentum und jedem anderen großen Religionssystem überein. Wenn wir, wie es alltäglich geschieht, die persönliche Erscheinung eines Menschen für den Menschen selbst halten, so können wir unter den Menschen keinen unsterblichen finden; wohl aber ist in jedem Menschen der Keim zur Erkenntnis der in ihm verborgenen Wahrheit enthalten, und je mehr diese unsterbliche Wahrheit zu seinem Bewusstsein kommt, um so mehr ist er unsterblich in ihr; denn das ewige Sein ist dann in ihm verwirklicht worden, und GOTT in ihm seines Daseins bewusst.

Das Wort »unsterblich« wird deshalb auch gewöhnlich nur im relativen Sinne gebraucht, z. B. um anzudeuten, dass der Mensch im Besitze von gewissen Kräften ist, die die Zerstörung seines irdischen Körpers überdauern. Wenn das Leben und Bewusstsein im irdischen Körper aufhört tätig zu sein, so kann es desto tätiger im Astralkörper auftreten, und stellt es auch hier seine Tätigkeit ein, so dauert es auf dem geistigen Plane fort. Somit ist die materielle Erscheinung des Menschen auf Erden ein vergängliches Ding, und das Traumbild der Persönlichkeit überdauert ihr Verschwinden; aber vom Standpunkte des Ewigen und Alleinigen gesehen, ist selbst die leuchtende Gedankenform des im Geiste wiedergeborenen Mens6hen nur eine Erscheinung, in der sich das alleinige ewige Selbst des ganzen Weltalls widerspiegelt und offenbart. Wo noch eine Vorstellung des »Ichseins« als ein vom Ganzen Verschiedenes vorhanden ist, da ist noch keine vollkommen wahre Selbsterkenntnis vorhanden. Nur im Allselbstbewusstsein hört diese Täuschung auf. Da verschwindet

---

*) I. Thimoth. I, 17.

das einzelne »Ich« und das Selbstbewusstsein der Allgegenwart tritt an dessen Stelle; da ist der Wahn der Eigenheit nicht mehr vorhanden, sondern die Gotteserkenntnis, die ohne Unterschied der Person alles in der Kraft der Liebe umfasst. Da ist wahre Freiheit (Nirwana) und Daseinserkenntnisseligkeit (Sat chit anandam); wo aber die eigene tierische Vernunft die Stelle der Gottesweisheit einnimmt, da ist Beschränktheit, Gebundenheit, Täuschung und leerer Schein, und aus dieser Täuschung des Eigenwahns entsteht die Einzelerscheinung, die Welt der Formen, in denen jede etwas von allen anderen, nicht nur der Form, sondern auch dem Wesen nach Verschiedenes zu sein wähnt, während doch alle nur eine Vielheit der Offenbarungen eines einzigen Wesens darstellen, das eine unteilbare Einheit und das Wesen von allem ist. Wer in das Selbstbewusstsein dieser Einheit eintritt, der hört auf, sich als etwas Apartes zu denken; er ist »selber« nicht mehr, und dadurch erlangt er die wahre Erkenntnis *).

In das Reich der Erscheinungen gehört somit nicht nur die uns äußerlich sichtbare Körperwelt, sondern überhaupt alles, was auf Erden oder der Unterwelt, im Himmel oder in der Hölle vorhanden und nicht mit dem eigenen Selbstbewusstsein identisch ist. Es gehören dahin nicht nur die »Geister«, die in körperlichen Gestalten als menschliche Erscheinungen auf Erden geboren werden und beim Zerfall dieser Formen sie wieder verlassen, sondern auch alles, was in Tieren und Pflanzen und im Mineralreiche lebt; denn jedes sichtbare Ding ist ein unsichtbarer »Geist«, in einer sichtbaren Hülle geoffenhart; die Offenbarung ist die Erscheinung, der Kern oder »Charakter«, das Wesen. Außer diesen für uns sichtbaren Erscheinungen gibt es aber noch eine unendliche Anzahl von Geschöpfen, die für unsere äußeren Sinne nicht sichtbar

---

*) Für jeden, der von GOTT und Gotteserkenntnis nichts weiß, ist ein Aufgeben des persönlichen Selbstes gleichbedeutend mit Vernichtung. Aus diesem Grunde bilden sich die verkehrten Gelehrten ein, Nirwana sei ein Versinken im Nichts, anstatt ein Aufgehen in GOTT.

sind, und sie alle sind »Geister«, ob sie nun mit einer materiellen, ätherischen oder himmlischen Form bekleidet, oder so wie Licht, Wärme, Elektrizität usw. formenlos sind.

Was ist der Mensch anderes, als ein aus ursprünglich formenlosen und unsichtbaren Naturkräften zusammengesetztes sichtbares und greifbares Ding; oder mit andern Worten ein »Geist«, der auf dem natürlichen Wege der Zeugung, Geburt und Ernährung körperliche Gestalt angenommen hat? Er ist in Wirklichkeit ein Gedanke und die ganze Welt eine Gedankenwelt, von der wir mit unseren äußerlichen Sinnen nur den Teil wahrnehmen, der sich »materialisiert« oder sichtbar verkörpert hat. Auch stellt sich in keinem Menschen sein geistiges Wesen auf einmal gänzlich, weder in seiner äußeren Erscheinung, noch in seiner eigenen Vorstellung dar: denn die Erscheinung ändert sich stets, je nach dem Alter, den Gemütsbewegungen und äußerlichen Verhältnissen, und was die eigene Vorstellung betrifft, so ist kein Mensch fähig, sich alles, was er weiß, auf einmal vorzustellen, oder alles, was er nacheinander zu denken fähig ist, auf einmal zu denken. Jeder hat Kenntnisse, deren er sich nicht in einem fort bewusst ist, sondern die je nach Bedarf in seinem Bewusstsein auftreten. Damit ist aber gesagt, dass der nichtmaterielle Mensch den materiellen Körper zum Empfinden und Denken benützt, Der unsichtbare und nicht im Körper gefangene Mensch, der aber im Körper wurzelt und ihn »überschattet«, benützt das Gehirn der von ihm bewohnten Persönlichkeit, um sein Wissen und Können in dieser Sinneswelt zu offenbaren und zu verwerten. Dabei offenbart er bald diesen, bald jenen Teil seines Wesens, aber niemals das ganze Wesen auf einmal. Der persönliche Mensch ist die Maschine, die die Arbeit liefert, aber nicht der Werkführer selbst; der Maschinist ist nicht die Maschine, sondern der Werkführer, der die Maschine arbeiten macht, wenn sie auch gewissermaßen und bis zu einem gewissen Grade instinktiv und selbständig handelt und wirkt.

Wie aber das Wesen des eigentlichen Menschen nicht innerhalb der Peripherie seines physischen Körpers gefangen sitzt, so gibt es im Weltall noch unzählige andere Geister, deren Dasein unabhängig von ihrer Erscheinung ist. Auf dem physischen Plane finden wir körperliche Erscheinungen, aus physischen Naturkräften zusammengesetzt, auf den höheren oder auch tieferen Plänen finden wir solche Erscheinungen, wenn auch nicht äußerlich wahrnehmbar, aus Kräften zusammengesetzt, die der Natur der Kräfte, die auf jenen Plänen herrschen, entsprechen. Die Erscheinungen auf dem physischen Plane gehören in das Reich der Physik; die auf den übersinnlichen Plänen befindlichen Erscheinungen gehören in das Reich der Metaphysik. Man kann die menschliche Vernunft nicht mit der Elle messen und das Dasein von Elementargeistern nicht vermittelst des Fernrohres oder Mikroskops beweisen; wird aber das eigene Bewusstsein (das nicht mit der Phantasie zu verwechseln ist) auf eine höhere Daseinsstufe gehoben, so eröffnet sich ein neues Feld für die Wahrnehmungskraft. Der physische Mensch nimmt äußerliche Dinge, der Astralmensch die Bewohner der Astralwelt, der denkende Mensch Ideen wahr. Um zu beurteilen, ob es Vernunft gibt, muss man selber Vernunft haben; um zu wissen, ob ein Gott im Weltall ist, muss man über das eigene Selbst hinaus und ins Göttliche hinein wachsen, und die Gegenwart GOTTES im Weltall in sich selber empfinden. Wo es sich um metaphysische und geistige Dinge handelt, da haben alle Meinungen der Sachverständigen in der Physik keinen besonderen Wert. Wenn von zwei Personen, von denen die eine ein Gelehrter und die andere ein Viehtreiber ist, beide in Bezug auf eine bestimmte Sache nichts wissen, so wissen dabei beide gleich viel.

Wenn heutzutage von Gnomen und Nixen, Feen und Kobolden, Nymphen, Sylphen und Salamandern die Rede ist, so glauben die meisten, dass es sich dabei um Kindermärchen handle, über die jeder Gebildete schon längst erhaben ist«. Im Grunde genommen ist aber gar nichts Erstaunliches daran, zu glauben, dass es auf dem Astralplane belebte Naturkräfte gibt, die sich unter Erscheinungen, die mit obigen Namen bezeichnet werden, darstellen können. Es ist das nicht merkwürdiger, als dass unsichtbare Wasserdämpfe sich zu sichtbaren Wolken, ja selbst zu harten Eisgebilden verdichten, oder Naturkräfte wie Licht, Wärme usw. einen Baum wachsen machen können wenn der Same und das Erdreich hierzu vorhanden sind. Auch ist es am Ende gleichgültig, ob jemand an die Möglichkeit des Vorhandenseins solcher Dinge glaubt oder daran zweifelt; wer aber in seiner Unwissenheit das Dasein übersinnlicher Daseinsstufen leugnet und seine Gedanken nur auf den sinnlichen Plan richtet, der hat in der Tat einen beschränkten Gesichtskreis; er kennt von der Welt nur die äußere Schale.

Längst sind die alten Götter Griechenlands zum Kinderspott geworden, Zeus, Aphrodite, Apollo usw. existieren nicht mehr; aber die Kräfte, die unter diesen Sinnbildern dargestellt wurden, haben nie aufgehört zu sein, sie existieren auch heute noch. Die Liebe wird auch ferner fortfahren die Welt zu beherrschen, wenn sie auch nicht mehr unter dem Namen »Venus« verehrt wird, und die Kraft, die das Weltall belebt und ehedem unter der Bezeichnung »Jupiter Olympos« dargestellt wurde, ist auch heute noch dieselbe, wenn auch ihr Sinnbild heutzutage in Rom nur als »St. Peter« beglaubigt ist.

»Die Wahrheit« ist ewig und ungeboren, von nichts erzeugt und von niemandem erfunden. Sie ist selbstexistierend und frei und hat keine andere Ursache ihres Daseins als sich selbst. Die Welt der Erscheinungen dagegen hat eine Ursache, die nicht die Erscheinung selbst ist; sie ist veränderlich, an ihre Ursache gebunden und von dieser abhängig; Formen entstehen und vergehen, werden erzeugt und geboren und sind nicht das Wesen der Dinge selbst, sondern nur die Symbole, vermittelst deren das Wesen sich sinnbildlich darstellt; Erscheinungen können äußerlich oder innerlich objektiv wahrgenommen werden. »Die Wahrheit« selbst wird von keinem Menschen erkannt, wenn sie nicht in ihm selbst und ohne sein eigenes Suchen und Forschen offenbar wird. Viele Dinge erscheinen als beziehungsweise wahr oder wahrscheinlich; aber

»Die Wahrheit« selbst ist kein Ding, sondern die eine unteilbare Wirklichkeit, das Wesen und Leben von allem, »die vollkommenste Tugend, das höchste Gute« *), unabhängig von allen Erscheinungen, und ihre Erkenntnis ist die Gottesweisheit oder »Theosophie«. Wahrheit ist Klarheit, und Erscheinung ist Schein; somit ist in der Tat die Welt der Erscheinungen die Nachtseite der ewigen Natur, und das, was »okkult« oder verborgen ist, der ewige Tag, dessen Sonne nie untergeht. Ohne Klarheit gibt es keine wahre Erkenntnis; ohne die Erkenntnis des Wesens werden wir nichts Wahres verstehen noch wissen. Die Erscheinungen geben uns Zeugnis vom Dasein des Wesens, und wird das Wesen erkannt, so verschwindet die Täuschung des Scheins. So kann man z. B. aus der äußerlichen Erscheinung eines Menschen, aus seinen Gesichtszügen, Gang, Haltung usw. auf seinen Charakter mit Wahrscheinlichkeit Schlüsse ziehen; wo aber Seele zur Seele spricht und der Mensch geistig erkannt wird, da kommt das Äußere nicht in Betracht. Da ist dann von keiner objektiven Betrachtung die Rede; man empfindet sich eins mit dem Gegenstande der Erkenntnis und erkennt in ihm selbst das eigene Ideal, unbekümmert, ob die Erscheinung, in der es sich äußerlich repräsentiert, jung oder alt, schön oder hässlich, vollkommen oder unvollkommen ist. Wer aber nur an der Erscheinung hängt, der kennt nicht das Wesen; er liebt den Schein und täuscht dadurch sich selbst.

Wie die materiellen Dinge unserer Sinneswelt und die ätherischen Formen auf dem Astralplane, so sind auch die Bilder, die wir in unserer Gedankenwelt sehen, Erzeugnisse, die in das Reich der Erscheinungen gehören. Sie existieren ebenso wirklich auf ihrer Daseinsstufe, als ein Baum oder Tier auf der seinigen. »Dasein« ist ein relativer Begriff. In unserer Gedankenwelt sind keine Bäume und Felsen vorhanden die man mit den Händen greifen kann, und für einen Menschen, der ganz in seinen Gedanken versunken ist, existiert die äußere

*) Hermes Trismegistus, XVII, 12

Welt gar nicht mehr; er weiß davon ebenso wenig, als ein gedankenloses materielles Ding von der Gedankenwelt weiß. Der Träumende zweifelt nicht an dem Vorhandensein der Gegenstände, die er im Traume sieht, und weiß nicht, dass er träumt; es sei denn, dass in ihm noch ein Funke von jenem Bewusstsein vorhanden, das ihn befähigt, zwischen Traum und Wachen zu unterscheiden. Ebenso wenig weiß der im Sinnesschauspiele dieser Welt vertiefte Mensch, dass alles, was ihm da vorgestellt wird, nur ein vergängliches Traumbild ist, wenn es vom Standpunkte des Ewigen betrachtet wird. Er hält diese Erscheinungswelt für Wirklichkeit, es sei denn, dass in ihm ein Funke jenes göttlichen Bewusstseins vorhanden ist, das ihn befähigt, das Ewige vom Vergänglichen zu unterscheiden.

Ein Gedanke entsteht ebenso wenig aus sich selbst, als ein Baum oder eine Wolke aus sich selber entsteht. Das Äußere ist ein Sinnbild des Innern; die Gesetze, die in beiden Gebieten herrschen, sind miteinander verwandt. Von Meeren und Flüssen steigen unsichtbare Wasserdämpfe empor, die die Sonnenwärme erzeugt. Nach und nach verschleiert sich der Himmel, es bilden sich Nebel, und diese verdichten sich zu Wolken in mancherlei Formen. Ein anfangs unbestimmtes Sehnen erwacht im Gemüte des Menschen, dann folgt die ihn erfüllende Idee, aus dieser wird schließlich durch die Kraft des Geistes eine entsprechende Vorstellung, die, wenn sie einmal festgewurzelt ist, viel schwerer auszurotten ist, als ein im Erdreich wurzelnder Baum.

So können Engel sowohl als Dämonen im Gemüte des Menschen geboren werden, und sind dann auch wirklich, wenn auch nicht äußerlich sichtbar, vorhanden. Viele glauben, dass die Produkte der Phantasie und Einbildung ein Nichts seien, das keine Bedeutung hat, aber diese Produkte sind wirkliche Phantasmen und in das Gemüt hinein gebildete Formen, die, wenn sie durch den Willen belebt und erstarkt sind, eine viel längere Lebensdauer erlangen können, als irgendein lebendes Geschöpf in unserer Sinneswelt. Eine eingewurzelte und groß gewordene fixe Idee bildet eine Erscheinung, die, wie jeder Metaphysiker weiß, auch noch fortexistiert, wenn die Asche ihres Erzeugers von den Winden verweht ist.

Gedanken sind Dinge, und jedes Ding kehrt am Ende zu seinem Ursprunge, zu der Quelle, aus der es geflossen ist, zurück. Diese zwei Grundsätze müssen wir festhalten, wenn wir das Gesetz des Karma und seiner Wirkungen auf den verschiedenen Stufen des Daseins erkennen wollen. Der wesentliche Mensch ist ein Geist, die Gedanken, die er in sich erzeugt, sind ein Teil seiner Natur; sie entspringen aus ihm, äußern sich in seinem Tun und Lassen, und die Folgen, die daraus entstehen, wirken wieder auf ihn selber zurück, wie es ja auch nicht anders denkbar ist, wenn man den Zusammenhang zwischen Dasein, Denken und Handeln begreift. Ein Baum ist nicht die Erde, ein Sonnenstrahl nicht die Sonne, ein Gedanke ist nicht der Mensch. Wie aber der aus dem Erdreich erstandene Baum zur Erde zurückkehrt und der aus der Sonne kommende Lichtstrahl zur Sonne gehört, so ist der Mensch, selbst wenn er seine irdische Hülle verlassen hat, aufs Innigste mit den Erzeugnissen seines Wollens, Denkens und Handelns verbunden; sie haben ihn nie verlassen; sie sind die Bausteine, aus denen sein Charakter aufgebaut wird, und treten mit ihm wieder ins Dasein, sobald er selbst wieder in die Erscheinung tritt, d. h. wenn er sich wieder reïnkarniert.

Angezogen von dem Selbstwahn, aus dem das persönliche »Ich«-Bewusstsein entspringt, kristallisieren sie sich um dieses täuschende Selbst so, wie im Winter das Wasser um einen festen Kern gefriert und eine starre Rinde bildet. So wird auch das Herz des Menschen durch die seinem Eigenwillen, Eigendünkel und Egoismus entspringenden Gedanken und Handlungen mit einer starren Kruste umgeben, die ihn der freien geistigen Bewegung unfähig macht, und je mehr er sich in diese täuschende Selbstheit vertieft, um so mehr wird er kleinlich und geistig so kurzsichtig, dass er schließlich gar nichts mehr als dieses Wahngebilde der »Ichheit« erblicken kann. Wie aber im Frühjahre die Wärme der Sonne die starren Eismassen löst, so löst auch, nicht die wissenschaftliche Spekulation über okkulte Dinge, wohl aber die der Sonne der ewigen Gotteserkenntnis entspringende und über allen Selbstwahn erhabene Wärme der selbstlosen Liebe, die um das Menschenherz durch Traurigkeit, Begehrlichkeit, Habsucht, Neid, Zorn usw. gelagerten Elemente, und der durch die Kraft der Erkenntnis freigewordene Mensch, der diese Elemente überwunden hat, fängt an, sein eigenes wahres Wesen zu erkennen, das über seine eigene Persönlichkeit und damit auch über das Reich der Erscheinungen, sowohl der objektiven als auch subjektiven erhaben ist. Dadurch wird er auch von allem eigenen Suchen frei und findet die Erlösung in jenem wahren Selbstbewusstsein, wo von keiner beschränkten Selbstheit mehr die Rede ist, das vielmehr identisch mit dem Bewusstsein der Gottheit im Weltall und über alles eigene Wünschen, Denken und Tun und folglich auch über alles Karma erhaben ist.

VI. SELBSTBEWUSSTSEIN

»Am Dinge zweifeln kannst du, was und oh es sei;
An deinem Ich fällt dir gewiss kein Zweifel bei.
Dies ist der Ausgangspunkt. Sei deiner nur gewiss!
Zu altem Wissen kommst du so ohn' Hindernis.«

»Die Weisheit des Brahmanen.« F. Rückert.

Es gibt viele Leute, die gerade deshalb, weil sie keine
eigene Einsicht haben, alles »bewiesen« haben wollen; dennoch wird es schwerlich jemanden geben, der so unverständig ist, dass er nicht, auch ohne dass man ihm Kapitel und Vers irgendeiner »anerkannten wissenschaftlichen Autorität« zitiert, begreift, dass er ein Bewusstsein hat. Er weiß es ganz bestimmt und zweifellos, und aus keinem anderen Grunde, als weil er sich dessen bewusst ist, d. h. er weiß, dass ein Bewusstsein vorhanden ist und dass es eine Kraft ist, die er sein Eigen nennt.

Ist aber diese Kraft [oder dieser Zustand] in der Tat unser persönliches Eigentum? Was wird aus ihr und wohin entflieht sie, wenn unser Körper schläft? Läge ihr nicht ein unbekanntes Etwas zugrunde, das wir unser »Ich« nennen, und wäre das Bewusstsein nur eine während des Wachens in unserem Organismus auftretende Erscheinung, so wäre der Mensch auch in seinem innersten Wesen nur ein vorübergehendes Produkt zeitweilig in ihm wirkender Naturkräfte; er würde, so oft er einschläft, aufhören, derselbe Mensch zu sein und beim jedesmaligen Erwachen wäre er ein anderer; ja er wäre ein wesentlich anderer Mensch, so oft der durch seine Gedanken und Empfindungen hervorgerufene Bewusstseinszustand sich änderte. Das könnte möglicherweise auch bei einem Menschen der Fall sein, der gar kein wirkliches Selbstbewusstsein hat. Es gibt ja viele, die niemals einen eigenen Gedanken, kein ernstes Wollen haben, und nie aus eigener Kraft handeln, sondern sozusagen nur lebendige Spiegel sind, in denen die Empfindungen, Wünsche und Gedanken ihrer Umgebung sich widerspiegeln. Man nennt solche Personen auch »Medien«. Sie haben stets die Meinung dessen unter dessen Einflusse sie gerade stehen, sie wechseln ihren »Glauben«, so oft sie die Lust dazu verspüren, tun stets, was ihnen gerade beliebt, insofern sie nicht durch Furcht vor Strafe davon abgehalten werden, und leben in einem Zustande von »chronischem Hypnotismus« wobei sie dennoch träumen, selbständig zu sein.

Dagegen gibt es aber auch andere, die, ich möchte sagen, »sich bewusst sind, dass sie bewusst sind«, d. h. sie erkennen in sich eine geistige Bewusstseinskraft, die höher als alles persönliche Bewusstsein, persönliches Empfinden und persönliches Denken ist; eine lebendige Kraft, die man früher mit dem Namen »Glaube« bezeichnete, und die hoch über allem nur wissenschaftlichen »Glauben« oder »Fürwahrhalten von Meinungen« steht. Der Glaube, von dem hier die Rede ist, ist das Selbstbewusstsein »Gottes« im Menschen, mit anderen Worten: das Selbstbewusstsein seines wahren göttlichen »Ichs«, in dem keine Täuschung der Getrenntheit und des Gesondertseins von anderen Wesen existiert. Es ist wenn nicht die klare Erkenntnis, so doch die dunkle Vorahnung und Empfindung der göttlichen, über alle Selbstheit erhabenen Liebe.

Friedrich Rückert drückt diese Idee in folgenden Worten aus:

> Mein wandelbares Ich, das ist und wird und war,
> Ergreift im dein'gen sich, das ist unwandelbar.
> Denn du bist, der du warst und bist und sein wirst, du!
> Es strömt aus deinem Sein mein Sein dem deinen zu.

> Ich hätt' in jeder Nacht mich, der ich war, verloren,
> Und wär' an jedem Tag, als der nicht war, geboren;
> Hätt' ich mich nicht, dass ich derselbe bin, begriffen,
> Weil ich in dir, der ist, bin ewig inbegriffen.

Du bist schcn, weil ich bin; denn also fühl' ich mich,
Dass ich durch mich nichts bin und alles bin durch dich.
Der du zum lebenden Beweise dir mich schufest;
Dich zu beweisen ist, wozu du mich berufest.

Dich zu beweisen durch mich selbst mir und der Welt,
Die den Beweis von dir nicht kennt, den sie enthält.

Damit ist aber gesagt, dass der Mensch gar kein wirkliches und dabei »eigenes« und separates Bewusstsein hat,
sondern dass das persönliche Selbstbewusstsein im Grunde
genommen nur eine Täuschung, das wahre Selbstbewusstsein
dagegen das ihm innewohnende, wenn auch noch schlummernde Gottesbewusstsein ist. Ein handgreiflicher wissen-
schaftlicher Beweis dafür lässt sich für den unverständigen
Skeptiker ebenso wenig erbringen, als ein Mensch einem
Holzblocke beweisen kann, dass er ein Bewusstsein hat. Es
handelt sich in geistigen Dingen nicht um Beweise, sondern
um das Verständnis. Anstatt sich darum zu streiten, ob es einen Gott des Weltalls gäbe oder nicht, sollte jeder darauf bedacht sein, in seinem eigenen Wesen sich der Entwicklung
göttlicher Eigenschaften fähig zu machen, und dadurch ein
lebendiger Beweis des göttlichen Daseins zu werden.

Dieses göttliche Selbstbewusstsein, in dem aber keine
Vorstellung oder Empfindung von »Selbst«, im gewöhnlichen
Sinne dieses Wortes, zu finden ist, liegt dem Scheinselbst-
wusstsein oder dem »persönlichen« Bewusstsein zugrunde
und sollte dieses durchdringen, durchleuchten und am Ende
ganz in sich absorbieren, so dass im Menschen alle weltlichen
Gedanken und Empfindungen aus seinem Gemüte verschwinden und nur noch das Allselbstbewusstsein Gottes übrig
bleibt. Das ist die Vereinigung der menschlichen Seele mit
GOTT, die Aufopferung auf Golgatha und die Auferstehung
in der Verklärung. In jedem Menschen ist bei seiner Geburt
der Keim zur Offenbarung dieses göttlichen Selbstbewusstseins enthalten. In vielen bleibt es, solange sie leben, nur eine
abstrakte Idee, ein mathematischer Punkt, der keinerlei Aus-

dehnung hat und deshalb dem menschlichen Verstande nicht fassbar ist. In anderen erwacht die latente Kraft und breitet sich aus, und in einigen erblüht sie und trägt die reife Frucht der Erkenntnis der Wahrheit.

Und nun wirft sich uns hier die Frage auf, ob wir auch in geistiger Beziehung vollkommen, nämlich dreidimensionale Wesen sind, wie wir es in körperlicher Beziehung zu sein scheinen. Wir wissen, dass drei die Zahl der Form ist*). Zu einem vollkommenen Wesen gehört eine vollkommene Form; zu einer geistigen Vollkommenheit gehört die Einheit der Dreiheit, die »heilige Dreieinigkeit«, in der das Erkennende (der Geist), das Erkannte (die Wahrheit) und die Erkenntnis selbst zu einem unteilbaren Ganzen (der Weisheit) vereinigt sind. Ohne diese Dreiheit gibt es kein vollkommenes Selbstbewusstsein ebenso wenig als es eine denkbare Form gibt, die nicht drei Raumdimensionen. nicht mehr und nicht weniger, nämlich Höhe, Breite und Tiefe, hat.

Ein mathematischer Punkt ist undenkbar; sowie er durch ein Symbol dargestellt wird, hört er auf, eine unteilbare Größe zu sein. Im Geistigen korrespondiert er mit dem Unbewussten, in dem das Selbstbewusstsein noch nicht erwacht und offenbar ist. Die erste denkbare Raumdimension beginnt dort, wo der Punkt offenbar wird, der aber dann, wenn er auch noch so klein ist, schon eine Linie oder Zusammensetzung von unendlich kleinen Punkten darstellt. Geistig betrachtet stellt diese erste Raumdimension die Wirkung einer Kraft von einem Mittelpunkte nach zwei einander entgegengesetzten Richtungen dar, Aktion und Reaktion, Zentripetal- und Zentrifugalkraft, die mit dem nicht offenbaren mathematischen Mittelpunkte eine Dreiheit bilden. Man mag sich z. B. einen Magneten in noch so kleine Stücke geteilt denken, so wird doch jedes Stückchen seine zwei Pole haben; ebenso bat der Wille des Menschen, wenn er auch noch so gering ist, schon den Impuls in sich, nach zwei entgegengesetzten Rich-

---

*) Lotosblüten", Bd. IV, S. 684.

tungen, nach dem Lichte und nach der Dunkelheit sich zu bewegen. Die dunkle Vorahnung eines höheren Daseins, der noch nicht erkennende Glaube, ist der mathematische Punkt im geistigen Bewusstsein des Menschen; er wird offenbar durch die sich entfaltende Kraft, die die Seele nach oben erhebt.

In der zweiten Raumdimension finden wir den Plan, den man sich als eine Reihe nebeneinander liegender paralleler Linien, oder als von einem Mittelpunkte ausgehende parallele Strahlen denken kann, die zusammen eine Fläche bilden. Ein Wesen, das in der ersten Raumdimension existieren würde, könnte von nichts eine Erkenntnis haben, als von einem eigenen Gegensatz, da ja alles, was außerhalb dieser Linie wäre, nicht in den Bereich seines Bewusstseins kommen könnte. Ebenso kann auch ein Wesen der zweiten Raumdimension sich nur der Dinge bewusst werden, die innerhalb dieses Planes liegen. Unter den Bewohnern dieses Planes könnte sich eine Wissenschaft entwickeln, die genau alle die Erscheinungen dieses Planes kennt und beschreibt, und dennoch absolut gar nichts von etwas Höherem, was über diesem Plane liegt, weiß oder begreift.

Das ist in der Tat der Standpunkt der menschlichen Wissenschaft, so lange in ihr keine Gotteserkenntnis vorhanden ist, und wie ein zweidimensionaler Raum etwas Undenkbares und Wesenloses ist, da selbst das dünnste Stück Papier, das eine Ebene darstellen soll, immer noch eine gewisse Dicke hat und folglich zur dritten Raumdimension gehört, so ist auch alles was die materielle Wissenschaft zu kennen vermeint, im Grunde genommen wesenlos und nichts als eine leere Erscheinung; denn zu einem intellektuell fassbaren Wesen gehören drei Begriffe: Länge, Breite und Höhe, und wo einer von diesen dreien fehlt, haben auch die zwei anderen keinen Sinn. Ein Dreieck, an dem die eine Seite fehlt, ist gar kein Dreieck, sondern nur ein von zwei mathematischen Linien gebildeter Winkel, der auf keinerlei Art körperlich dargestellt werden kann.

Wir wissen, dass wir körperlich dreidimensionale Wesen sind, denn unsere Körper haben Länge, Breite und Dicke; aber geistig betrachtet sind vielleicht die meisten Erdbewohner nur zweidimensionale Wesen, d. h. sie sind sich nur derjenigen Dinge bewusst, die in ihrer eigenen körperlichen Daseinssphäre liegen. Um sich der dreidimensionalen Welt, die sie, ohne es zu wissen umgibt, bewusst zu werden, müssen sie sich erst selbst zu geistig dreidimensionalen Wesen entwickeln und aus der Länge und Breite der Ebene in die Höhe des vollkommenen Dreiecks emporwachsen.

Wir können das Dasein im Ganzen mit einer Pyramide vergleichen. Sie ist das Sinnbild der vollkommenen Form. Ihre Spitze ist der Punkt, von dem das Licht ausstrahlt, das ihr Inneres von oben nach unten durchdringt; ihr Fuß ist das Materielle, das Dunkel. Die Menschheit ohne Gotteserkenntnis ist vergleichbar mit dem Gewürm, das sich in der Erde unter dem Fuße der Pyramide bewegt von dem Lichte von oben nichts weiß, und alles zu wissen glaubt, wenn es die Formen der Geschöpfe kennt, die mit ihm umherkrabbeln und -kriechen. Sowohl der ihn umgebende Weltenraum als auch die darin waltenden Kräfte, insofern sie nicht objektiv auftreten, sind ihm ein Nichts und die Allgegenwart Gottes ein Wort ohne Sinn.

Aus dieser Unfähigkeit, das Nichtoffenbare und Geistige zu erkennen, eben weil es nicht objektiv ist und jenseits der »Bewusstseinsschwelle« des materiellen Menschen liegt, entspringt der Wirrwarr und die unzähligen Missverständnisse, die in Bezug auf Worte herrschen, die geistige und göttliche Dinge betreffen. Ist z. B. von »Gott« die Rede, so stellt sich der an irdische objektive Vorstellungen gewöhnte Menschenverstand unwillkürlich irgendein objektives Wesen einen Mitbewohner seiner eigenen zweiten Raumdimension vor, und daraus entspringen die verkehrtesten Auffassungen, die der Wahrheit geradezu entgegengesetzt sind.

Wir können nichts anderes erkennen, als das, was innerhalb unseres eigenen Bewusstseinskreises enthalten ist, aber

dieses Bewusstsein kann sich entweder nur als ein Plan darstellen, in dem nur das erkannt zu werden vermag, was in diesem Plane liegt, und sowohl das, was darüber, als auch was
darunter ist, nicht offenbar werden kann; oder es mag als ein
vollkommenes Dreieck gedacht werden, in dem alle Höhe und
Tiefe, Länge und Breite enthalten ist. Wer sich nur des Niederen bewusst ist, der hat für das Höhere keine Erkenntnis;
wer nur die Erscheinungen sieht, nicht aber die ihnen zugrunde liegende Wesenheit, für den ist das wahre Wesen der Dinge nicht vorhanden, und er irrt sich, indem er die Erscheinung
für das Wesen hält. Er sieht die Tätigkeit des Lebens in den
einzelnen Formen, aber weiß nichts von einem Leben selbst,
das alle Formen durchdringt, und dessen Offenbarung in den
Formen deren Lebendigsein ist, und weil er von der Ursache
dieser Lebenstätigkeit nichts weiß, so hält er sie für ein Produkt der Form und verwechselt beständig die Wirkung einer
Ursache mit der Ursache, welche die Wirkung erzeugt. Heiligkeit, Erhabenheit, Gerechtigkeit, Selbstlosigkeit u. dgl.
sind für solche Menschen entweder leere Worte oder künstli-
che, auf gegenseitiger Übereinkunft beruhende Abmachun-
gen, soziale, dem Gesetze der Notwendigkeit entspringende
Zustände usw.; denn die Bewohner der zweiten Raumdimension sehen nicht, was über ihnen ist, sondern nur, was neben
ihnen erscheint; für Prinzipien haben sie keine Augen und
keinen Begriff.

Wir können das Dasein an sich als ein Dreieck betrachten,
dessen Basis die Unwissenheit (T a m a s) ist. Die beiden Seiten stellen die Begierde (R a d s c h a s) dar; an der Spitze ist
der Sitz der Erkenntnis (S a t t w a). Deshalb kann auch jedes
Ding auf dreierlei Art verstanden, respektive missverstanden
werden. Der Unwissende sieht es so, wie es ihm seine Unwissenheit darstellt, der Begehrliche so, wie es ihm seine Begierde vorspiegelt, der Erkennende erkennt es im Lichte der
Wahrheit, so wie es in Wirklichkeit ist. Der Unwissende sieht
die Worte des Märchens, versteht sie aber nicht; der Begehrliche versteht die Worte, fasst aber deren Bedeutung falsch

auf; der Erkennende erkennt den im Märchen verborgenen Sinn.

Es wäre geradezu lächerlich, wenn es nicht zu traurig wäre, die Verirrungen zu betrachten, zu denen eine verkehrte Auslegung der Lehren der Weisheit diejenigen geführt hat, die nicht fähig waren, sich über ihr geistig zweidimensionales Dasein zu erheben. Die Gewohnheit, alles als in dem materiellen Plane liegend zu betrachten, und die Unfähigkeit, geistige Dinge vom geistigen Standpunkte aufzufassen, haben unsagbares Unheil über die Welt gebracht und Millionen von Menschenopfern verschlungen. Kreuzzüge, Inquisition, Folter, Religionskriege aller Art, Intoleranz, Dogmatismus und Pfaffentum haben ihren Ursprung in der Unfähigkeit des staubgeborenen Intellektes, sich über seine Flachheit ins Reich der geistigen Erkenntnis zu erheben, infolgedessen er göttliche Dinge mit menschlich-tierischem Maßstabe misst.

Wir brauchen nicht unter die Indianer zu gehen, um nach solchen »Flachköpfen« zu suchen, die Akademien der Gelehrten und die Seminarien der Theologen wimmeln davon. Da finden wir überall höchst belesene, unterrichtete und gelehrte Personen, die auf dem Gipfelpunkte des heutigen Wissens angelangt sind, die aber, weil sie keine geistige Erkenntnis besitzen, unfähig sind, geistige Dinge von einem höheren als dem irdischen Standpunkte zu betrachten und zu beurteilen. Sie »glauben an Gott«, aber sie stellen sich unter ihm ein mit ihnen auf demselben Plane existierendes, wenn auch in seinen Eigenschaften vollkommeneres Wesen dar, das objektiv und äußerlich ist und mit dem man sich deshalb in Verhandlungen einlassen kann. Sie bedenken nicht, dass sie sich durch diese Anmaßung auf gleiche Stufe nut GOTT stellen wollen. Es ist für sie nichts anderes denkbar, als was in ihrem eigenen Bewusstseinsplane liegt.

So bildet sich z. B. der kurzsichtige fromme Schwärmer ein, er müsse, um das Gesetz zu befolgen: »Du sollst Gott lieben über alles«, die Menschen verachten; er sieht nur sich selbst und seine eingebildeten eigenen Interessen; er steht nicht hoch genug, um auf sich selbst und alle Menschen herabzublicken und sie als Gefäße, in denen Gott sich offenbart, zu erkennen.

Seine »Liebe« ist ein kleines Ding, das sich nur in der Ebene bewegt und von einem Gegenstande in dieser Ebene zu einem andern daselbst übertragen werden kann. Er weiß nichts von jener Liebe, die alles in dieser Ebene umfasst, aber auch hoch über ihr steht. Die irdische Liebe wird von einem Gegenstande genommen und einem andern gegeben; aber die göttliche Liebe erfüllt alle Dinge in dieser Welt, und wenn sie sie erfüllt hat, so ist sie deshalb doch nicht weniger geworden, sondern reicht noch weit über alle Dinge bis zu ihrem Ursprunge hinauf.

Es gibt keine Lehre der Weisheit und keine Stelle in der Bibel, die nicht durch den Unverstand verkehrt und der Wahrheit geradezu entgegengesetzt ausgelegt und angewendet werden kann. Das der zweiten Dimension angehörige gehaltlose und wesenlose Scheinselbst ist nur der leere Schatten des wahren und höheren Selbst, es kann die Wahrheit nicht fassen, und da sein ganzes Dasein ein Selbstbetrug ist, so ist auch sein ganzes Wissen und Können in Bezug auf alles, was jenseits seines Schattenreich es liegt, Selbsttäuschung und Betrug. Auch kann dieses »Selbst« nicht begreifen, dass die materielle Welt nur ein Traumbild oder Schattenspiel sei, denn es ist ja selbst nichts als ein Schatten und Traum, hält sich aber dabei für etwas Wirkliches, weil es die Wahrheit nicht kennt. Aus diesem Grunde haben die Gelehrten des Schattenreiches kein Verständnis für das ewig Wirkliche, und die theosophischen Lehren sind ein Unsinn für alle, die keine Spur von Gotteserkenntnis besitzen. Selbst die Tugenden solcher Personen stinken und beruhen im besten Falle auf erkünstelter Nachahmung, nicht aber auf eigener geistiger Kraft. Dem eigenen wahren Wesen können sie nicht entspringen, da ein solches entweder gar nicht vorhanden oder noch nicht zu ihrem Bewusstsein gekommen ist. Das wahre Selbstbewusstsein in solchen Personen ist der noch nicht fassbare mathematische Punkt in dem Plane der Illusion. Wie das höchste Ideal des selbstsüchtigen Gelehrten des Schattenreiches in der Befriedigung seiner wissenschaftlichen Neugierde besteht, so besteht das Ideal des egoistischen Moralisten in der Wertschätzung seiner von Eigendünkel erfüllten Moral.

Das Scheinbewusstsein und Scheinselbst hat seinen Sitz in der Phantasie, das wahre Selbstbewusstsein hat seinen Sitz in der Seele. Seelenlose Menschen haben keine geistige Empfindung und deshalb keine wahre Erkenntnis. Der wissenschaftliche Träumer und der moralische Schwärmer haben keinen innerlichen Halt; sie sind schillernde Blasen im Reiche der Phantasie; sie denken nur mit dem Kopf und empfinden nicht mit dem Herzen. Deshalb sagt F. Rückert:

> „Solange du nur denkst, ohn' es in dir zu fühlen,
> Wird ein Gedanke nur den andern weiterspülen.
> Nicht wahr ist, was du denkst, nur, was du fühlst, ist wahr;
> Durchs Denken machst du dir nur das Gefühlte klar."

Wie aber kann der Mensch sich fähig machen, »Die Wahrheit« in sich zu empfinden und dadurch zu einem höheren Bewusstsein und zu geistiger Erkenntnis zu gelangen? Die Antwort darauf lautet: Er muss weniger im Kopfe und mehr im Herzen leben, und dort »Die Wahrheit« in sich aufnehmen; d. h. er muss nicht ausschließlich seine Vorstellung, sondern vielmehr seinen guten Willen kultivieren und ein reines Gemüt haben in dem die Wahrheit eindringen und offenbar werden kann. Die Engelsbotschaft, die erschallt, so oft die wahre Selbsterkenntnis im Menschen geboren wird, heißt nicht »Friede sei den Menschen, die den Kopf voll philosophischer Spekulationen haben«, sondern »Ehre sei Gott in der Höhe und Friede den Menschen auf Erden, die eines guten Willens sind.«

Jedem Menschen ist bei seinem Erscheinen ein gewisser Teil Lebenskraft mitgegeben. Es ist die Summe, die ihm zugeteilt ist, um auf Erden »sein Geschäft zu betreiben«, und es steht ihm frei, sie zu verschwenden, oder sie zum Erwerbe von nützlichen Dingen zu verwenden; aber er kann dieselbe

Summe nicht zweimal ausgeben, da er sie nur einmal hat. Mancher vergeudet diese Kräfte auf dem tierischen Plane zur Beförderung seiner sinnlichen Begierden und Leidenschaften, andere verwenden sie zur Ansammlung von allerlei Kenntnissen, die im Grunde genommen nutzlos sind und für sie keinen Wert mehr haben wenn sie das irdische Leben verlassen, wieder andere, besonders religiöse Schwärmer vergeuden ihre Kräfte in Träumen in Bezug auf das Jenseits und in gehaltloser Schwärmerei. Wir wissen aber, dass ein Baum nicht gedeiht, wenn auch die Krone noch so sehr gepflegt und dabei dem Kern oder der Wurzel die Nahrung entzogen wird. Der Mensch kann mit einem Tempel verglichen werden, dessen Kuppel der Kopf ist, während im Innern das Heiligtum sich befindet. Der moderne Philosoph und Schwärmer sitzt sein Leben lang in der Kuppel und sieht zur Dachluke hinaus, neugierig zu sehen was in der Welt vor sich geht, und während er seine wissenschaftlichen Beobachtungen anstellt, bleibt es im Innern dunkel oder es nisten sich vielleicht schädliche Tiere im Heiligtum ein. Wer aber im Heiligtum bleibt, der wird auch dort seine göttliche Nahrung empfangen; denn dort ist der Mittelpunkt, auf den sich die göttlichen Kräfte des Weltalls konzentrieren, und je mehr der göttliche Funke in diesem Zentrum diesen Kräften entgegenstrebt, umso mehr werden sie ihn beleben, bis er selber zum Lichte wird, das das Innere des Tempels bis hinauf zur Kuppel erleuchtet.

Das ist der Sinn der Bibelstelle, die sagt, dass, wer den Altar bedient, auch vom Altare leben solle, und die von den Unwissenden dahin verstanden wird, dass, wer eine fette Pfarrei erwischt, auch davon tüchtige Spesen erhalten solle.

Die Gotteserkenntnis (Theosophie) ist eine heilige Wissenschaft und deshalb für alle, die keine Anlage zur Heiligkeit in sich haben, ein undurchdringliches Geheimnis. Der Hund und der Affe können zu allerlei Künsten dressiert werden und bleiben deshalb dennoch das, was sie sind. Der Mensch, dessen Bewusstsein nicht über das Selbstbewusstsein seiner Persönlichkeit hinausreicht, kann in allen möglichen Systemen, Wissenschaften und Künsten wohl unterrichtet, ein scharfsinniger Philosoph und spitzfindiger Kritiker sein, aber die höchste Entwicklung in dem zweidimensionalen Plane kann noch nicht einen Funken von wahrer Erkenntnis erzeugen. Ebenso wird der fromme Schwärmer sich vergebens abmühen, Gott zu bereden seiner Persönlichkeit das ewige Leben zu verleihen; denn da seine Persönlichkeit gerade das ist, was verschwinden muss, um die Erkenntnis der Unsterblichkeit eintreten zu lassen, so können alle Götter des Universums diese Illusion nicht zur Wirklichkeit machen.

Die Kraft, die diese Täuschung der Selbstheit, diesen Größenwahn eines Spiegelbildes überwindet, ist nicht die Theorie, sondern die Erkenntnis der Einheit des Lebens im ganzen Universum; mit andern Worten, die göttliche Liebe, die das Dasein Gottes in allen Geschöpfen erkennt. »Wer die Vielheit der Erscheinungen kennt, der kennt ein wesenloses Nichts; wer aber den Einen in allem erkennt, der hat die wahre Erkenntnis.«

Diese göttliche Liebe, die die Grundlage aller Spiritualität oder geistigen Erkenntnis ist, kann sogar in einem nicht wissenschaftlich gebildeten Menschen offenbar werden, oder auch in einem Menschen, dessen Persönlichkeit mit moralischen Schwächen behaftet ist; ja sie wird sich in einem solchen viel leichter offenbaren, als in einem von Eigendünkel besessenen oder von dem Gefühle seiner eigenen Vollkommenheit erfüllten, selbstgefälligen Moralisten. Wer sich einbildet, besser als andere Leute zu sein, der hängt an seinem Selbst; er trennt sich von der Menschheit los und erkennt nicht die Größe Gottes in allem. Je mehr er sein eingebildetes Selbst verherrlicht, ein um so größeres Hindernis schafft er sich in der Gotteserkenntnis; je weniger er an sich und von sich selbst denkt um so leichter wird sein wahres Ich in ihm zum Bewusstsein kommen. Deshalb heißt es in der Bibel, dass die Letzten auf Erden die Ersten im Himmel, und die Ersten auf Erden die Letzten im Himmel (im Gottesbewusstsein) sein werden.

Nicht darin besteht die Gotteserkenntnis, dass man nach Gott über den Wolken sucht, oder sich einbildet, ihn dort zu sehen; nicht darin, dass man für den Himmel schwärmt und die Menschen verachtet; sondern wie ein Baum, der um so stärker in der Erde wurzelt, je höher sein Stamm gegen den Himmel wächst, so muss die Liebe zur Gottheit in der Liebe zu allem, was in den Menschen göttlicher Natur ist, wurzeln. Der wahre Okkultist muss das sehen können, was für andere unsichtbar ist; d. h. er muss die Gegenwart Gottes in allen Geschöpfen, sogar in den Tieren, Pflanzen und Steinen erkennen; dann wird er alle Geschöpfe und GOTT über alles lieben und bestrebt sein, die Offenbarung Gottes zu dessen Verherrlichung nicht nur in seiner eigenen Person, sondern in allen Wesen durch Entfernung der Hindernisse, die ihr entgegenwirken, zu fördern.

Das geschieht nicht dadurch, dass man danach trachtet, die Leiden der Menschheit beiseite zu schaffen, und dabei die Ursachen dieser Leiden unberührt lässt; ebenso gut könnte man versuchen, einen Strom an seiner Mündung auszuschöpfen, ohne auf dessen Quellen Rücksicht zu nehmen. Das Leiden selbst ist der größte Lehrmeister und der beste Führer auf dem Wege der Erkenntnis. Das Böse ist der Diener des Guten; es handelt sich nicht darum, es zu beseitigen, sondern es zu überwinden. Wer ein behagliches Faulenzerleben führen kann, hat keine Veranlassung, sich um eine höhere Stufe des Daseins zu kümmern; sondern es vermehrt sich die Sucht nach sinnlichen Genüssen, je mehr sich Gelegenheit bietet, sie zu befriedigen. Das Gesetz des Karmas versteht es besser, die Welt zu verbessern, als alle Humanitarier und Sozialisten. Wohl denen, die dieses Gesetz erkennen.

Wir brauchen kein neues Kirchensystem, sondern Aufklärung, keine neuen Vorschriften für die eigene Moral, die uns lehren, wie wir um so viel besser sein können als andere Leute; sondern wir brauchen die selbstlose Liebe; keine leere Predigt, sondern die Tat. Ein gutes Beispiel ist mehr wert als tausend Folianten philosophischer Spekulation. Bisher wurde die Teufelsbotschaft der Begierde gepredigt; Verherrlichung des persönlichen Selbsts, Bevorzugung im Jenseits, Unsterblichkeit der Täuschung des Größenwahns, und allerlei Systeme wurden erfunden, die es ermöglichen sollten, GOTT zu betrügen und für geistlose Larven einen guten Sitz im Himmel zu erschleichen. Dieses Zeitalter hat seinen Abschluss gefunden, eine neue Ära beginnt. Das Evangelium der über alle Selbstsucht und über allen Selbstwahn erhabenen göttlichen Liebe, das bisher ein großes Geheimnis war, weil es nur wenige verstehen konnten, fängt an, den Menschen verständlich zu werden, und je mehr sie diese Kraft in sich aufnehmen und in ihrem Leben verwirklichen um so mehr wird in ihnen das Bewusstsein ihres wahren göttlichen Selbsts offenbar werden. Dieses Evangelium zu predigen, dazu bedarf es keiner Sekte und keiner kirchlichen Autorität. Hierzu ist jedermann berufen; vor allen aber die, in denen diese Liebe zu ihrem Selbstbewusstsein gekommen ist.

VII. VERWIRKLICHUNG

»Grau, teurer Freund, ist alte Theorie,
Und grün des Lebens goldner Baum.«
Goethe.

Irgend jemand hat gesagt, dass das höchste Ideale auch das einzige tatsächlich Reale sei, und das ist eine für jeden, der sie einsieht, selbstverständliche Wahrheit; aber sie kann von niemandem anders als durch die Erfahrung völlig erkannt werden, indem sich das Ideale im Menschen selber verwirklicht. Das höchste Ideal ist das höchste vollkommene Dasein, und dieses kann nicht auf irgendeine andere Art, als durch das Dasein selber erkannt werden. Alle vergänglichen Dinge und Zustände haben einen außer ihnen selbst liegenden Grund; sie sind von einer Ursache abhängig, die nicht sie selber sind; sie sind Erzeugnisse des Menschen oder der Natur. Das höchste, unvergängliche, unendliche Dasein ist unerschaffen, unveränderlich, vollkommen; es ist sein eigener Grund oder vielmehr grundlos und unergründbar. Es ist, weil es ist. »Die Wahrheit« ist Wahrheit, nicht weil sie irgendjemand dazu gemacht hätte, sondern weil sie »Die Wahrheit« ist. Niemand wird so töricht sein, zu verlangen, dass man ihm beweisen solle, dass »Die Wahrheit« Wahrheit ist; wohl aber ist die Wahrheit für niemanden vorhanden, der nicht fähig ist, sie zu erkennen. Wir können aus diesen oder jenen Gründen darauf schließen, dass ein Ding wahr oder unwahr sei, und dadurch gelangen wir zur Annahme einer Wahrscheinlichkeit, die sich sogar zur bestimmten Überzeugung steigern kann; aber auch die logische Überzeugung ist noch lange keine wahre Erkenntnis. Diese wird nicht anders als durch die Offenbarung »Der Wahrheit« in uns selber erlangt. Wer diesen

Unterschied zwischen der Annahme einer Wahrscheinlichkeit und der wirklichen Wahrheitserkenntnis nicht begreift, der hat »Die Wahrheit« noch niemals wirklich erkannt, weil sich die Wahrscheinlichkeit zur Wahrheit wie ein ungewisses Dämmerlicht zur Sonnenklarheit verhält.

Alles Nur-Wissen in Bezug auf geistige Dinge ist deshalb noch lange keine geistige Erkenntnis; die Theorie ist niemals ihr eigener Zweck, sondern nur das Mittel, um zum wirklichen Zwecke des Wissens zu gelangen, der die Erkenntnis der Wahrheit durch die Erfahrung ist. Das hat auch Goethe erkannt, und er lässt deshalb seinen »Faust«, nachdem derselbe »Philosophie, Juristerei und Medizin, und leider auch Theologie« studiert hat, zu der Erkenntnis kommen, dass alles in der Natur nur ein Schauspiel ist, und dass er noch weit von der wahren Erkenntnis entfernt ist.

> »Ich fühl's, vergebens hab' ich alle Schätze
> Des Menschengeists auf mich herbeigerafft,
> Und wenn ich mich am Ende niedersetze,
> Quillt innerlich doch keine neue Kraft.
> Ich bin nicht um ein Haar breit höher,
> Bin dem Unendlichen nicht näher.«

Die wahre Erkenntnis tritt erst dann ein wenn der Erkennende und das Erkannte eins in der Erkenntnis geworden sind. Da ist dann keine Getrenntheit von Objekt und Subjekt, und folglich auch keine in ihrem Selbstwahne gefangene Persönlichkeit mehr vorhanden, die über diesen oder jenen Gegenstand viel oder wenig weiß, sondern die Weisheit Gottes, die alles in sich selber erkennt und sich in der Seele des Menschen widerspiegelt. Das ist deshalb nicht Vielwisserei, sondern ein geistiges Erwachen zu einem höheren und nicht persönlichen Dasein, oder mit anderen Worten, die »geistige Wiedergeburt«, über die schon vieles geschrieben und gesprochen worden ist, und die dennoch niemand begreift, wenn er sie nicht in sich selber erfährt; ebenso wenig als ein Schlafender begreifen kann, was das Erwachen ist, so lange er nicht selber erwacht. Deshalb ist auch diese Lehre »okkult«,

d. h. verborgen; denn sie bleibt trotz aller Erklärungen ein unerklärliches Rätsel für alle, die nicht das Ewige vom Vergänglichen unterscheiden können. Sie ist der »Stein des Anstoßes«, über den die nicht hinwegkommen, die an ihrem eigenen »Ich« festgenagelt sind. Wer dieses »ich« überwindet, der hat den Drachen an der Schwelle des Tempels überwunden, dem öffnet sich die Türe der Initiation; denn erst dann, wenn kein »Selbst« mehr da ist, das etwas sein oder wissen will, kann das Allsein und die Allwissenheit offenbar werden. Erst wenn kein anderes Ideal mehr vorhanden ist, kann das höchste Ideal im Menschen sich verwirklichen. Deshalb lehren uns die indischen Veden, dass alles, was wirklich ist, Brahma, und außer ihm nichts ist, und die christlichen Mystiker bekennen dieselbe Wahrheit.

> »Gott ist die ew'ge Ruh, weil er nichts sucht noch will;
> Willst du in Gleichem nichts, so bist du ebensoviel.
> Sobald du etwas liebst, so liebst du nichts fürwahr;
> Gott ist nicht dies noch das, drum lass das Etwas gar.
> Wer nichts begehrt, nichts hat, nichts weiß, nichts liebt, nichts will,
> Der hat, der weiß, begehrt und liebt noch immer viel.«
>
> (Angelus Silesius.)

Ein solcher Mensch ist über alles persönliche Sein, Haben und Lieben hinausgewachsen; er ist im Allsein aufgegangen wie die Knospe im Sonnenschein, er liebt nicht selbst, sondern ist eins mit der Kraft der Liebe, die alles und auch das Geringste in sich einschließt. Das ist das »Eingehen in Christus«, von dem die meisten Theologen nichts wissen wollen, weil ihnen ihr eigenes Selbst mehr als Gott gilt.

Es versteht sich deshalb auch von selbst, dass niemand das göttliche Ideal sich dienstbar machen und es nach seinem Belieben in sich verwirklichen kann; er kann es nicht zu sich herunterziehen und es auf keinerlei Weise sich aneignen, als indem er sich zu ihm erhebt, aus der Beschränktheit in die Freiheit tritt und in dieses Ideal eingeht. Indem er sein eigenes »Ich« aufopfert und es mit dem Idealen, dem »Nicht-Ich« vereint verwirklicht sich das Ideale in ihm. Auch kann dann von keinem Karma die Rede mehr sein, denn wo kein »Selbst« mehr vorhanden ist, das handelt, können auch für dieses nichtvorhandene Selbst keine Folgen nichtstattgehabter Handlungen eintreten.

Gott braucht keines Menschen Hilfe, und kann dennoch ohne die Hilfe des Menschen nichts im Menschen vollbringen. So paradox dieser Ausspruch klingen mag, ist er dennoch leicht zu begreifen. Wie ein Mensch sich wohl dem Lichte der Sonne aussetzen, aber das von der Sonne strahlende Licht nicht anziehen oder vermehren kann, so kann auch kein Mensch aus eigener persönlicher Kraft die göttliche Weisheit erringen, oder, wie so viele es gern tun möchten, sich in sie hineindrängen. Wie aber auch das Licht der Sonne nicht dorthinein scheinen kann, wo ihm der Eingang verschlossen ist, so kann auch der Geist der Selbsterkenntnis nur dort offenbar werden, wo nichts vorhanden ist, das diese Offenbarung hindert. Es ist da nicht ein Kampf der Persönlichkeit gegen sich selbst, keine Überwindung der Materie durch das Materielle, sondern ein Kampf des Geistes gegen die Materie, wobei der Geist nur dann siegen kann, wenn er in der Materie zum Bewusstsein erwacht, und die Freiheit des Willens im Menschen besteht darin, dass er dem Willen des Geistes gehorcht und die Materie durch den Geist unterjocht. Stark nach Unten und gehorsam gegen das Obere; das ist auch das Gesetz dieser Welt. Wer nach Oben stark sein will und nach Unten schwach ist, der übergibt sich dem, was unter ihm steht. Das Symbol des Gehorsams gegen das Hohe und des Schutzes gegen das Niedere ist das Herz.

> »Das Herz ist unten eng und oben weit;
> Dass es Gott offen sei, versperrt der Irdigkeit.
> Erweitere dein Herz, so gehet Gott hinein;
> Du sollst sein Himmelreich, er will dein König sein.«
>
> (Angelus Silesius.)

Somit hat auch alles eigene Wissen in Bezug auf das Höhere nur einen negativen und nur in Bezug auf das Niedere einen positiven Wert. Man kann dadurch nichts für sich selber erringen, sondern nur lernen dem Höheren zu gehorchen, damit es das Niedrige überwältigen und offenbar werden kann. Hierdurch wird die Nichterkenntnis und Torheit überwunden und durch die Vereinigung mit dem Wahren die wahre Erkenntnis erlangt. Die Wahrheit ist immer heilig, und es kann deshalb auch keine wahre Erkenntnis ohne Heiligkeit geben. Eine Wissenschaft, die Humanität und Gerechtigkeit und alles Heilige mit Füßen tritt, kann sich wohl in der Schmutzlache wälzen, in die die Sonne der Wahrheit ihre Strahlen sendet, aber die Wahrheit selber erkennt sie nicht.

Das Wissen ist eine Vorstufe zur Erkenntnis, nicht aber die Erkenntnis selbst, und es gehören zum wahren Erkennen außer dem bloßen Wissen noch andere Dinge, so wie sie uns die »Y o g a -Philosophie«, d. h. die Lehre von der Vereinigung des Menschen mit GOTT oder mit anderen Worten das Einswerden von Objekt und Subjekt in der Erkenntnis des Höchsten beschreibt. Hierzu gehört vor allem die Kraft der Erkenntnis selbst, d. h. die Fähigkeit, das Wahre vom Falschen, das Ewige vom Vergänglichen zu unterscheiden. Geist kann nur durch die Kraft des Geistes erkannt werden; wer geistig erkennen will, muss selber Geist haben. Der grübelnde Verstand allein kann sich zum Geistigen nicht erheben; er ist irdischer Natur und an das Materielle und Sinnliche gebunden; nur der vom Geist getragene Gedanke tritt durch Geisteskraft in das Reich des Geistigen ein. Durch diese Kraft werden die Unwissenheit und der Irrtum, die dazu führen, dass man die Täuschung für Wahrheit hält, überwunden. Es ist das der Sieg des wahren Glaubens über die wissenschaftlichen Hirngespinste der Phantasie.

Die zweite Stufe ist die Wunschlosigkeit, oder besser gesagt, das Erhabensein über alle dem Selbstwahn entspringenden Begierden nach Erlangung von irgendetwas für sich selbst, sei es in diesem oder einem zukünftigen Leben, auf Erden oder im Himmel. Die Klarheit tritt erst in der Ruhe ein. Wo Unzufriedenheit vorhanden ist, kann keine innerliche Erleuchtung stattfinden. Der Sucher nach Wahrheit muss nichts für sich selbst zu finden hoffen, sondern selbst in »Die Wahrheit« eingehen, damit sein Selbstwahn in ihr aufgebe und verschwinde und er eins mit ihr in ihrer Erkenntnis sei. Es genügt nicht, sich einzubilden oder sich vorzunehmen, dass man nichts für sich selbst verlange, sondern der »Ichbegriff« selbst soll durch die unbeschränkte Wahrheitsempfindung, die identisch mit der göttlichen Liebe ist, verdrängt werden. Wenn es mit de, Selbstwahne vorbei ist, dann ist es auch mit allem Selbstsein, Selbsthaben, Selbstwissen, Selbstwollen, aller Selbstgerechtigkeit und Selbstherrlichkeit zu Ende. Da tritt — nicht das Nichts —, sondern die Gottesweisheit an die Stelle der Täuschung des »Selbstes«, und nicht »wir«, sondern GOTT will, denkt und handelt in und durch uns; indem unser Bewusstsein in seinem aufgeht, wird sein Bewusstsein uns zu eigen.

Die dritte Stufe ist die völlige Selbstbeherrschung, und dazu genügt es nicht, dass man von Zeit zu Zeit die Ausbrüche seiner Leidenschaften beherrscht, sondern es handelt sich vielmehr darum, vollständig nicht nur Herr über seine Gedanken und Empfindungen, ja sogar über alle Organe des Körpers zu werden. Das eigene Denken zu beherrschen ist eine seltene Kunst. Wer versucht, auch nur eine Minute lang an einem einzigen Gedanken festzuhalten, ohne einen anderen in sein Bewusstsein treten zu lassen, wird finden, dass das schwerer ist, als man zu glauben geneigt ist. Da das Denken mit dem Atmen zusammenhängt, so lehrt uns die Yoga-Philosophie gewisse Methoden, wie wir durch den Atem das Festhalten eines Gedankens erleichtern und dadurch Herr über unser Denken werden können. Wo aber der Geist die Materie völlig beherrscht, da ist er auch Herr über die ätherischen Schwingungen (A k â s a), die dem Aufbau des sichtbaren Körpers zugrunde liegen, und beherrscht diesen durch jene.

Die vierte Stufe ist die innerliche Erleuchtung. In der Klarheit kann die Wahrheit sich offenbaren. Wenn der Mensch aufgehört hat, ein eigenes Licht zu sein, so kann er eine Leuchte werden, in der das Licht Gottes offenbar wird. Wenn er aufhört seine eigenen Irrtümer und Begierden sprechen zu lassen, so kann sich das Wort der Wahrheit in ihm vernehmlich machen.

Böhme sagt:

»Wenn du von Sinnen und Willen deiner Selbstheit stille stehest, so wird in dir das ewige Hören, Sehen und Sprechen offenbar, und höret und siehet Gott durch dich. Dein eigen Wollen, Hören und Sehen verhindert dich, dass du Gott nicht siehest noch hörest. Wenn du stille schweigest, so bist du das, was Gott von Natur und Kreatur war, daraus er deine Natur und Kreatur machte. So hörest und siehest du mit dem, womit Gott in dir sah und hörte, ehe dein eigen Wollen, Sehen und Hören anfing.« (»Übersinnliches Leben«. I, 3 u. 4.)

Die höchste Stufe ist die der vollkommenen Erkenntnis und Seligkeit, in der die vollständige Vereinigung stattgefunden hat, wobei nun kein Objekt und Subjekt, kein »ich und du«, kein »mein und dein« mehr vorhanden, sondern das individuelle Bewusstsein des Menschen im Allbewusstsein Gottes aufgegangen und eins mit ihm geworden ist; oder nut anderen Worten, das individuelle Bewusstsein hat alle Schranken der Individualität überwunden und ist zum Allbewusstsein Gottes geworden. Ein solcher Mensch wäre nun ein »Mahatma«, »Jivan-Mukta« oder »Buddha«, von denen es aber in unserer Evolutionsperiode wohl nur sehr wenige gibt.

Um auch nur die niederen Grade dieser Erleuchtung zu erlangen, dazu gehören als vorbereitende Schritte alle die Tugenden, die die Weisheit lehrt, nämlich Reinheit der Empfindung, des Denkens und des Körpers, Entsagung in Bezug auf das Niedere und Ergebung in das Höhere, lebendiger Glaube und göttliches Selbstvertrauen, innerliche Sammlung und Erhebung, Festigkeit und Ausdauer, Charakterstärke und Überwindung des Wankelmuts, Gerechtigkeit und Barmherzigkeit, Freiheit des Denkens, Gewissenhaftigkeit, Gleichmut, Pflichterfüllung, Treue, Bescheidenheit, Keuschheit, Fleiß usw., kurz gesagt alles, wodurch man zu der höchsten von allen Tugenden, der Kraft der über alle Selbstsucht erhabenen göttlichen Liebe, gelangt. Diese Liebe ist das Höchste, und nicht mit der erbärmlichen angelernten »Moral« zu vergleichen, die dem Selbstwahn und Eigendünkel entspringt. Sie ist die höchste Kraft, weil durch sie die harte Kruste, die den einzelnen Menschen von der Menschheit und von Gott trennt, aufgelöst wird, so wie ein im Wasser schwimmender Eisberg durch die Wärme der Sonne und des Wassers wieder zu Wasser wird. Alles das wird in allen Religionssystemen, das Christentum mit eingeschlossen, gelehrt, und man kann daraus ersehen, dass alle unsere Religionssysteme nichts mehr und nichts weniger als Vorschulen zur praktischen Ausübung des Yoga sind; der Endzweck aller Theorie ist die Anleitung zur schließlichen Vereinigung mit Gott und der dadurch zu erlangenden Erlösung vom K a r m a . Die wahre Religion ist deshalb eine notwendige Bedingung zur Erlangung des wahren Wissens, das in der Erkenntnis der Wahrheit besteht, und der Endzweck aller Wissenschaft ist die religiöse Erkenntnis, d. h. die wahre Erkenntnis des Menschen und seiner Stellung in der Natur. Deshalb ist auch die wahre Wissenschaft ein erhabenes und heiliges Ding, das nicht zu gemeinen und teuflischen Zwecken missbraucht werden sollte. Das verkehrte, im Schmutz wühlende Wissen ist kein wahres Wissen und beruht auf dem Schein; das wahre Wissen beruht auf keinen »augenscheinlichen« Beweisen, sondern auf der Erkenntnis der Wahrheit. Das falsche Wissen beruht auf einem Missbrauch der Erkenntnis und steht deshalb im Gegensatze zur Weisheit. Die wahre Wissenschaft kann nicht mit der Weisheit im Widerspruche sein, sondern sie ist gerade insofern wahr, als sie Weisheit, d. h. Erkenntnis der Wahrheit enthält. Die Theorie ist blind und sucht nach Autoritäten, auf die sie sich stützen kann; die Weisheit erkennt sich selbst; sie braucht keine fremde Stütze; sie steht fest in sich selbst. Das bloße Wissen erkennt nichts von Gott; es ist beschränkt und hat für das Unendliche keinen Begriff; die Weisheit erkennt sich selbst als eine göttliche Kraft.

Die Lehre der Weisheit aber ist und bleibt immer ein Unsinn für jeden, der ihren Sinn nicht empfinden oder begreifen kann, und deshalb wird sie von den Toren verlacht. In unserem beinahe gänzlich dem Scheinleben ergebenen Zeitalter sehen sowohl die oberflächlich Gelehrten als auch die Ungelehrten in den Schriften der Weisen nichts als Worte. Sie streiten sich um die Buchstaben und verkennen gänzlich den Geist. Der vom Irrsinn des Skeptizismus verführte oder vom wissenschaftlichen Aberglauben verblendete Mensch leugnet das Dasein des alleinigen GOTTES, der in ihm selber wohnt, und sucht als ein intellektuelles Tier ohne GOTT göttergleich zu werden, der Weise weiß, dass er an sich selbst nichts, wohl aber in GOTT alles ist. Der Spruch der Weisen lautete »E r i - t i s D e u s «, d. h. werdet GOTT (durch die Ergebung in das Gottesbewusstsein); diesem entgegen steht der Spruch der Torheit: »E r i t i s s i c u t d e u s «, werdet wie Gott (ohne Gott): Das eine ist die Auflösung des Selbstwahns und Eigendünkels durch die Kraft der Liebe; das andere die Aufblähung des Eigendünkels bis zur eingebildeten Gottähnlichkeit. Das eine ist der Schlüssel zur weißen, das andere der Schlüssel zur schwarzen Magie. Das eine führt zur Verwirklichung des göttlichen Ideals im Menschen, das andere zur Herstellung einer Karikatur. Das eine führt zur Erkenntnis der Unsterblichkeit, das andere zur geistigen Erstarrung und zum ewigen Tode.

Da das Beschränkte das Unbeschränkte nicht fassen, das Vergängliche das Unvergängliche nicht unterjochen, das Gefangene die Freiheit nicht in sich begreifen kann, so kann auch kein Mensch, und wäre er auch noch so gelehrt, »Die Wahrheit« zu sich herabziehen und sie sich zu eigen machen; der einzige Weg, zur wahren Erkenntnis zu kommen, ist durch ein Eingehen in »Die Wahrheit« selbst. Auch kann das niemand aus eigenem Willen tun. Es geht nichts in GOTT ein, das nicht aus GOTT kommt. Je höher der Eigendünkel sich erhebt, umso tiefer ist auch sein Fall. Der Mensch kann als

Mensch GOTT nicht dienen, denn er ist ohne Gott ein Nichts. Er kann Gott keinen »Gefallen erweisen«; er kann nur die Täuschung aufgehen und dadurch sich fähig machen, die Wahrheit zu empfangen. Der Mensch opfert einen Wahn, und damit bringt er ein Nichts zum Opfer. Gott opfert sich selbst im Menschen, und nur durch dieses Opfer kann seine göttliche Natur im Menschen offenbar werden. Die »Bhagavad Gita« sagt: »Brahma selbst ist das Opfer. Er ist des Opferfeuers Nahrung und das Opferfeuer selbst. Er opfert sich selbst für sich selbst« *).

Aus einem Keime würde sich niemals eine Pflanze entwickeln, wenn nicht die Wärme in ihn eindringen und in ihm die Lebenstätigkeit hervorrufen würde. So wird der freie Wärmestrahl in dem Keime gebunden; er verliert dadurch seine Freiheit und opfert sich selbst. Damit ist er aber nicht zu Nichts geworden; denn durch dieses Eingehen ist er nun befähigt, in dem Organismus, der ihn umschließt, seine Kraft zu entfalten und aus dem Keim eine Pflanze zu machen. Der irdische Mensch ist der Keim, der ohne Geist auch keinen Geist offenbaren kann. Der Geist ist die Kraft der Erkenntnis, die niemand selber erzeugen kann. Durch die Wirkung dieser Kraft im Menschen wird die Erkenntnis im Menschen offenbar, und damit tritt er selbst in »Die Wahrheit« ein.

---

*) Kap. IV, 24.

VIII. VOLLENDUNG

»Es ist vollbracht«.
(Joh. XIX, 30.)

Die Vollendung besteht darin, dass der von der Ewigkeit ausgegangene und in das Zeitliche getretene Mensch wieder zu seinem Ursprunge, seinem wahren Wesen, zurückkehrt, und das geschieht dadurch, dass er sein wahres Wesen in allen Dingen und alle Dinge in sich selber erkennt. Es ist diese höchste Stufe, die jenseits der Vorstellung des menschlichen Verstandes liegt und nur intuitiv empfunden werden kann, kein Versinken des menschlichen Bewusstseins in Nichts, sondern ein Aufgeben des individuellen Bewusstseins im Allbewusstsein, wodurch das Allbewusstsein im Individuellen offenbar wird. Der eine ewige Geist, der die Täuschung der Selbstheit angenommen hatte und sein Spiegelbild für sich selber hielt, weil es ihm so gut gefiel, dass er in dessen Anschauung sein wahres Wesen vergaß, hat diesen Wahn des Sonderseins überwunden und sich von seinem täuschenden Selbst erlöst. Er ist wieder aus dem Reiche der Erscheinung in das Reich der Wahrheit, in GOTT, das Alldasein, eingegangen, er hat sein Werk vollendet, seinen Kreislauf vollbracht.

In der buddhistischen Religion wird dieser Zustand des Allbewusstseins, der Allerkenntnis und Vollkommenheit, in der kein erkennendes Individuum, das von dem Gegenstande seiner Erkenntnis verschieden ist, mehr vorhanden ist, sondern der Erkenner und das Erkannte Eins in der Erkenntnis sind, Nirwana genannt. Sich in Vorstellungen dieses unvorstellbaren Zustandes zu ergehen, oder ihn, der intellektuell unbegreiflich ist, intellektuell begreifen zu wollen, ist nutzlos, weil das Geistige nur geistig empfunden und geistig erkannt werden kann. Es ist ein Zustand der allumfassenden Liebe, nicht der Liebe zu irgendeinem besonderen Gegenstand, sondern der Liebe an sich, welche absolute göttliche Selbsterkenntnis, göttliche Weisheit, ist. Wäre sie auf irgendeinen besonderen Gegenstand beschränkt, so wäre sie in Bezug auf andere unvollkommen und Unwissenheit und nicht göttlicher Natur. Weil das Absolute über alle relativen Begriffe erhaben ist, kann es auch nicht erklärt, sondern nur in sich und durch sich selber erkannt werden.

>>Das Bodenlose ist nicht zu ergründen.
Wer fragt, der irrt, es irrt, wer Antwort gibt.<<

Es ist ebenso unfassbar wie der unendliche Raum, der nicht vorstellbar, aber dennoch vorhanden, und der öde und leer ist, wo nicht die Liebe in ihm wohnt.

In der christlichen Symbolik ist diese Lehre der Evolution und Involution durch die Menschwerdung und den Tod am Kreuze dargestellt. Der Geist Gottes überschattet die sich individualisierende Seele und tritt dadurch ins menschliche Dasein ein. Durch diesen Eintritt des Geistigen in das Materielle wird der Geist gewissermaßen an das Materielle, die Gottheit an die Menschheit im Menschen gebunden. Hierdurch verliert der göttliche Geist das Bewusstsein seiner Allgegenwart, die Täuschung der Sinne verursacht im Menschen den Wahn des Sonderseins und ein Vergessen seiner wahren, allumfassenden Wesenheit; >>Christus stirbt im Menschen<<, aber auch für den Menschen; da nur durch dieses Eingehen des Geistes in die Materie das Materielle vom Geistigen durchdrungen und zu ihm erhoben werden kann. Aber durch das Feuer der Liebe wird der im Herzen verborgene göttliche Funke zur Flamme angefacht, welche den Wahn der >>Selbstheit<< durchdringt und zerstört. Im stillen >>Bethlehem<<, d. h. in der Tiefe des Selbstbewusstseins, wird das Gottesbewusstsein geboren, dessen Licht den Menschen erleuchtet und die Wolken der Nichterkenntnis zerstreut, so wie das Licht der Sonne die Wolken zerstreut. Das ist die wahre geistige Erkenntnis, die nicht das Resultat theoretischer Spekulation, sondern des innerlichen Erwachens ist. Alle theoretische Spekulation in Bezug auf geistige Dinge kann keine Offenbarung erzeugen, sondern nur die Irrtümer hinwegräumen, die dieser Offenbarung hinderlich sind; wie ja auch ein trübes Wasser durch Umrühren nicht geklärt werden, wohl aber durch ruhiges Stehenlassen der Schmutz sich zu Boden senken und dadurch klar genug werden kann, um von der Sonne durchleuchtet zu werden.

Festgenagelt am Kreuze des Eigendünkels leidet der Mensch und Gott in ihm so lange, bis durch die Zerstörung des Selbstwahnes sich die Gottheit vom Menschen erlöst. Hierdurch erlangt der Mensch die Erkenntnis seines wahren Daseins in GOTT; nicht als eine an Zeit und Raum gebundene Erscheinung, sondern als eine bewusste geistige Kraft, deren Reich das Weltall und deren Leben die Ewigkeit ist. Das Scheinleben der Persönlichkeit ist der Scheintod des Göttlichen und der Tod des Egoismus die Auferstehung des wahren Menschen in GOTT. Auf diese Weise betrachtet, ist das Leben der Tod oder das Unbewusstsein der Wirklichkeit, der Körper ein Sarg, in dem die scheintote Seele begraben liegt. Durch das Hinwegrollen des Felsens des Selbstwahnes von der Öffnung des Grabgewölbes erwacht die Seele zum Selbstbewusstsein der Unsterblichkeit und der freigewordene Geist breitet sich aus und erhebt sich aus der Nacht des Irrtums zur Freiheit und zum Licht.

Dieser göttliche Zustand wird nicht durch wissenschaftliche Theorien, durch Glauben und Dogmen, durch Schwärmen und Träumen, noch durch das Anhängen an irgendwelche äußerlichen Dinge, Autoritäten usw., sondern nur durch den Kampf des Geistes gegen das Materielle erlangt. Alles Wissen, Dünken, Wähnen und Fürwahrhalten ist nicht Selbstzweck, sondern nur ein Mittel zum Zwecke. Der Endzweck ist die Überwindung des Irrtums durch den Geist der Wahrheitserkenntnis. Nicht der Irrtum überwindet den Irrtum, noch die Torheit die Torheit, sondern der Geist der Wahrheit besiegt den Irrtum und bringt Licht in die Nacht der Unwissenheit, sowie die Sonne das Dunkel zerstreut. Je mehr dieser Geist der Erkenntnis im Menschen zum Bewusstsein erwacht, um so mehr wird der Geist des Menschen Eins mit ihm und der Mensch wird aus den ihn umgebenden Sinnestäuschungen durch sein Einswerden mit dem Geiste der Wahrheit frei. Das ist die »okkulte Übung«, welche Kraft, Geduld, Ausdauer und Erfahrung verlangt. Da gibt es scharfe Kanten abzurunden, angeborene Instinkte, anerzogene Neigungen und Gewohnheiten, eingewurzelte Vorurteile und Irrtümer, Leidenschaften, Begierden und Torheiten zu überwinden und auszurotten, die Wertlosigkeit der Sünde durch die Erfahrung kennen zu lernen, die eigene Unwissenheit zu begreifen und das Gute in sich zu befestigen.

Alles das kann nicht durch die Theorie, sondern nur durch die Erfahrung geschehen, und auch die Erfahrungen müssen, um einen beständigen Eindruck zu machen, mehr als nur oberflächlich und vorübergehend sein; nicht solche, die man bald wieder vergisst, sondern deren Resultate sich der Seele einprägen und ein Teil des Wesens des Menschen werden, das von einem Dasein auf Erden auf das nächste übergeht. Das Gehirn, der Sitz der menschlichen Erinnerung und Verstandestätigkeit, erneuert sich bei jeder Geburt und hat kein Gedächtnis für das, was die Seele in einem früheren Dasein erfahren hat; wohl aber bleiben die wesentlichen Eigenschaften und Eindrücke der Seele bestehen und bilden die Grundlage des Charakters der Persönlichkeit, die sie im nächsten Leben darzustellen berufen ist. Auch wäre eine einzige oder einhundert Lebenserscheinungen auf Erden viel zu wenig, um der Seele alle die Erfahrungen zu ermöglichen, die nötig sind, um sie auf den Weg der Erkenntnis zu führen. Die Wiederverkörperung zum Zwecke der Vollendung des Karma ist deshalb nicht eine Hypothese, die »möglicherweise wahr sein kann«, sondern für jeden, der das Gesetz begreift, eine Tatsache, die ebenso exakt wissenschaftlich begründet ist, als der Glaube, dass die Sonne morgen wieder aufgehen wird, nachdem sie heute untergegangen ist.

Viele glauben, dass man durch ein vorurteilsfreies Vergleichen von Theorien und Meinungen sich die Erkenntnis der Wahrheit verschaffen könne; aber aus dem Schein kann nichts anderes als ein Schein hervorgehen, Wahrscheinlichkeiten erzeugen nichts anderes als eine Wahrscheinlichkeit. »Die Wahrheit« selbst beruht auf nichts anderem als auf sich selbst. Sie wird durch keinerlei Vergleiche und objektive Beobachtungen erzeugt; sie ist eine lebendige Kraft, die erst dann erkannt wird, wenn sie in unser Selbstbewusstsein tritt, ein Licht, das erst dann die Seele mit Klarheit erfüllt, wenn es in ihr leuchtet. Da gibt es eine unendliche Menge von falschen Empfindungen und irrigen Meinungen, welche das Erwachen dieses Bewusstseins verhindern, eine Menge von Unrat, die das Erwecken des in der Tiefe verborgenen göttlichen Funkens verzögert und erst hinweggeschafft werden muss.

Nach den Gesetzen der Mechanik würde eine in Bewegung gesetzte Kugel ins Unendliche fortrollen, wenn sie dabei nicht den Widerstand der Reibung zu überwinden hätte. So folgt auch der menschliche Körper Gewohnheiten, bei denen es vielerlei Reibungen bedarf, ehe sie abgelegt werden. Desgleichen haben Gemüt und Geist ihre erworbenen Neigungen; der Mensch rennt sozusagen hundertmal mit dem Kopfe gegen die Wand, ehe er begreift, dass die Wand härter ist als der Kopf, und dass es klüger ist, nachzugeben. Die Beziehungen, die in früheren Leben zwischen verwandten Seelen geschaffen wurden, hören durch den Umzug der Seele von einem Hause in ein anderes nicht auf. Die Komödien, Tragödien und Tragikomödien der Lebenserscheinung auf Erden wiederholen sich, der Vorhang geht auf und nieder, und dasselbe Stück wird, wenn auch mit veränderten Szenerien, weiter gespielt und wiederholt, bis die Lektion gelernt und man aus der Rolle herausgewachsen ist. So dreht sich das Rad und wir in ihm; nur am Mittelpunkte, wo die Speichen zusammenlaufen, ist Ruhe. Deshalb erlangt die wahre Ruhe nur der, der aus der Flucht der Erscheinungen nach dem Mittelpunkte strebt, wo die Sonne der Weisheit scheint.

Dieser Mittelpunkt ist in uns selbst, in der Tiefe unseres Selbstbewusstseins, wo es keine täuschende »Selbstheit« mehr gibt. Er ist der Sitz des Friedens, welcher weder der Unwissenheit (T a m a s), noch der Begierde nach Frieden (R a d s c h a s), sondern der wahren Erkenntnis (S a t t w a) entspringt. Es ist das kein selbstsüchtiger Zustand, sondern ein Frieden, der über alle »Selbstheit« erhaben ist, und den nur der kennt, der sein wahres Selbst im Ganzen, in Gott, gefunden hat. Rückert sagt:

»Wer feige Frieden sucht, nur für sein eigen Teil,
Wird zum Verräter an der Welt gemeinem Heil.
Zu fördern Menschenglück mit aller Kraft hienieden,
Kein Opfer ist zu groß, als nur der Seele Frieden.«

»Doch lass von keiner Macht, von keinem Ruhm dich zwingen,
Von keiner Liebe selbst, dies Opfer ihr zu bringen.
Das ist nicht Eigensucht, noch schwerer Pflichten Scheue,
Es ist die deinem Ich, dem ew'gen, schuld'ge Treue.«

Der Anfang und das Ende der ganzen okkulten Wissenschaft ist die Erkenntnis, dass alle Geschöpfe dem Wesen nach eins und nur in den Erscheinungen, als die diese Einheit sich offenbart, voneinander verschieden sind. Unter tausend Eisgebilden ist jedes in seiner Art von den anderen verschieden; das eine mit fremden Substanzen vermengt, das andere klar, das eine eckig, das andere rund. Dennoch sind sie alle ihrem Wesen nach Wasser. So ist auch das wahre Selbstbewusstsein in jedem Menschen nur eines; es ist nur ein Gott, aber vielerlei Gefäße, in denen sein Leben sich offenbart. Soll diese Tatsache nicht nur theoretisch erkannt sein, sondern zur praktischen Erkenntnis werden, so muss sie praktisch ausgeübt werden. Das geschieht durch die Werke der Liebe, des Mitleidens und der Barmherzigkeit, welche den Menschen über den Selbstwahn erheben. Es genügt nicht, dass ich mir einbilde, zu wissen, dass mein wahres Ich das Ich des ganzen

Weltalls sei, sondern diese Wahrheit wird nur durch die Tat erkannt. Indem ich etwas Gutes für einen andern vollbringe, ohne dabei an mich selber zu denken, handle ich für mein eigenes, in einer anderen Erscheinung auftretendes Ich und mache meine Erkenntnis der Einheit mit dem andern zur Tat, die diese Erkenntnis befestigt. Das ist die wissenschaftliche Grundlage der Lehre von der Erhabenheit über das eigene Selbst.

Wer das einsehen kann, der begreift, dass die göttliche Liebe und die göttliche Erkenntnis (Weisheit) eins und dasselbe sind. Beide sind nur eine einzige geistige Kraft, die so wie jede andere Kraft nur durch die Tat und den dabei zu überwindenden Widerstand stark werden kann. Diese Kraft ist ein »Feuer«, das nicht aus dem Gehirne, sondern dem Herzen entspringt. Die wahre geistige Erkenntnis hat nichts mit Theorien, Beobachtungen und Vorstellungen zu tun, sondern nur mit der selbstlos gewordenen Liebe. Deshalb wurde dieses Feuer von den Alchemisten und Rosenkreuzern als (las wichtigste von allen Dingen geschildert. So heißt es z. B. in den »Geheimen Figuren der Rosenkreuzer des sechzehnten und siebzehnten Jahrhunderts«:

> »Verlange nach dem Feuer und suche das Feuer, so wirst du es finden.
> Entzünde ein Feuer und füge Feuer dem Feuer zu.
> Koche das Feuer im Feuer, wirf Körper, Seele und Geist in das Feuer,
> So wirst du tot oder lebend das Feuer besitzen.
> Himmel und Erde werden in diesem Feuer verschwinden.
> Und es wird nur mehr ein einziges vierfaches Feuer sein«*).

Das ist etwas ganz anderes als irdische Gelehrsamkeit und theologische Spekulation, und auch etwas ganz anderes als die alltägliche, auf den Selbstwahn gegründete Moralität, die von der Vorstellung ausgeht: »Ich bin besser als du«; denn in dieser Erkenntnis gibt es kein »ich« und »du«, sie ist über al-

---

*) »Die Geheimen Symbole der Rosenkreuzer.«

le Getrenntheit erhaben; keine »Bruderschaft«, sondern nur noch das eine, alles umfassende Selbst. Höher als alles menschliche Wissen und höher als alle selbstgefällige Moralität ist die Gotteserkenntnis im Menschen. Gott ist weder moralisch noch unmoralisch, weder gelehrt noch unwissend; in ihm hören alle menschlichen Eigenschaften auf, und wer in die göttliche Selbsterkenntnis eingeht, der ist Eins mit ihr in Gott. Die intellektuelle Begabung ist ein sehr wertvolles Ding, aber die Spiritualität (geistige Intelligenz) geht noch weit darüber hinaus. Man darf die beiden nicht miteinander verwechseln. Es gibt Leute, die viel Scharfsinn und dennoch keinen Geist haben, gerade so, wie es körperlich große Lümmel gibt, ohne eine Spur von Genie. Es gibt in der Wissenschaft vielerlei Ansichten und Meinungen, aber der Geist der Wahrheit ist nur einer und seine Erkenntnis nur eine einzige; man sollte den einen Geist nicht mit seinen vielfältigen Offenbarungen, den Wein nicht mit den verschieden geformten Gefäßen, in denen er enthalten ist verwechseln Die materielle Wissenschaft betrachtet den Wein als ein Produkt des Gefäßes, das Leben als ein Resultat der organischen Lebenstätigkeit, den Geist als ein Erzeugnis des Verstandes, der ihn begreift. Deshalb ist auch eine Übereinstimmung zwischen diesen verkehrten Ansichten und der »okkulten Wissenschaft«, die auf der Erkenntnis des Ewigen beruht, eine Unmöglichkeit.

Der vom Selbstwahn befangene Moralist ärgert sich vielleicht darüber, dass er noch nicht so vollkommen ist, als er es gern sein möchte. Auch er hält das Haus, in dem er wohnt, für sein eigenes Selbst und verkennt den Nutzen des Irrtums. Wer so tugendhaft und moralisch wäre, dass er niemals mehr in die Gefahr käme, zu sündigen, der hätte auf der Welt nichts mehr zu holen oder zu lernen, und es wäre für ihn besser wenn er gleich im Himmel geblieben wäre, statt auf die Erde zu kommen. Der Weise ist fähig, sich objektiv zu betrachten. Er weiß, dass er nicht das Haus, sondern der Eigentümer des Hauses, nicht seine Persönlichkeit sondern der Erzieher seiner Persönlichkeit und diese sein Gefäß und Werkzeug ist. Diese Persönlichkeit bedarf der Erfahrung. Sie muss den Irrtum kennen lernen, um sich über ihn zu erheben, so wie ein Mensch erst dann schwimmen lernen kann, wenn er selber im Wasser ist, oder wie man des harten Bodens bedarf, um seine Füße darauf zu setzen wenn man die Spitze eines Berges erklimmen will. Da findet denn mancher, dass das, was er für festen Boden hielt, ein lockerer Stein, oder was er für grünen Rasen hielt, die Decke eines Sumpfes ist, und um den Verlockungen, die er am Wege findet, zu widerstehen, muss er begreifen, dass sie nichts als Täuschungen und Verlockungen sind. Wenn er sie völlig als solche erkennt, so hat er sie auch überwunden. Der erkenntnislose Moralist verdankt seine Moralität der Unwissenheit, Furcht vor Strafe oder Gier nach Belohnung. Sie ist gehaltlos und nicht echt. Ein Mensch ohne geistige Erkenntnis kann wissenschaftlich gebildet und religiös erzogen sein; aber seine Wissenschaft ist ein Hirngespinst und seine Moral nichts als Dressur.

Für Tiere passt die Dressur, für Menschen die Entwicklung des Geistes. Die geistige Erleuchtung ist nicht ein Resultat der Erlernung von Theorien und auch nicht der Dressur, sondern der Offenbarung des Geistes durch dessen eigene Kraft. Geist wird durch Geist genährt. Aus dem Samenkorn entspringt ein Keim und dieser wächst zum Baume empor, nicht durch Änderungen, die an der Zusammensetzung des Samenkorns vorgenommen werden, sondern durch die Nahrung, die ihm zugeführt wird und durch den Einfluss des Lichtes, das er sich nicht selber erschafft. Nimmt er untaugliche Nahrung in sich auf, so geht er dabei zugrunde oder verkrüppelt; die Hand der Natur kann ihn dann nicht zu einem vollkommenen Baume gestalten. Der Mensch unterliegt demselben Gesetz, aber er hat vor der Pflanze den Vorteil voraus, dass er sich je nach dem Grade seiner Erkenntnis die Bedingungen schaffen kann unter denen er die Weisheit zwar nicht erschaffen, wohl aber sich ihrer Offenbarung zugänglich machen kann.

Ist der Baum aus der Erde emporgewachsen, so wird seine Stärke durch den Kampf mit seiner Umgebung bedingt. Eine Tanne die mitten im Dickicht steht und durch ihre Kameraden von allen Seiten geschützt ist, entfaltet sich nur am oberen Teile, der Stamm bleibt kahl und schwach, und trifft sie der Sturmwind, so wird sie leicht entwurzelt aber der auf festem Grunde wurzelnde, allein stehende Baum hat von frühester Jugend an mit den Winden zu kämpfen, er gräbt seine Wurzeln tief in den Erdboden ein und seine Zweige streben nach allen Richtungen dem Lichte entgegen. Der Sturmwind wird ihm nicht schaden, so lange er nicht vom Alter morsch geworden ist.

Ein solcher Same ist aber auch der Mensch, insofern seine Individualität in Betracht kommt, deren Umfang und Stärke von der Kraft und Ausbreitung seines wahren Selbstbewusstseins abhängig ist. Jahrtausende wandelt er durch wiederholte Erdenleben, bis endlich der schlummernde Funke der Gotteserkenntnis in ihm erwacht und durch das Feuer der Liebe zur Flamme wird, deren Licht seine Seele erleuchtet und seinen Verstand klar macht. Da erfüllt ihn dann nicht die Theorie, wohl aber die praktische Erkenntnis seiner Manneswürde Das Licht von oben dringt in die Tiefe seines Bewusstseins ein und erhebt es. Nun erst beginnt der eigentliche Kampf mit den Mächten der Finsternis. Als ein Menschentier hat er den Kampf ums irdische und intellektuelle Dasein gekämpft; er musste seine Selbstheit unter anderen Selbstheiten zur Geltung bringen und seine Organisation zu einem tauglichen Gefäße für die Offenbarung des Geistes machen. Nun aber ist der Geist in ihm zum Bewusstsein gekommen, seine geistige Empfindung und Wahrnehmung erwacht, und er erkennt die Natur der Kräfte, die ihn umgeben, auf ihn einwirken und in ihm Begierden und Leidenschaften hervorrufen. Er lernt sie zu beherrschen und sie höheren Zwecken dienstbar zu machen. Da bricht die harte vom Selbstwahn gebildete Schale entzwei, der geistige Keim dringt aus dem Reiche des Materiellen empor, aus dem Reiche des Dünkens und Wähnens in das Licht der Wahrheit und aus der Verworrenheit in die Klarheit. Wäre kein »Selbst« vorhanden, so gäbe es auch keines zu überwinden und zu beherrschen; wäre das »Böses nicht da, so gäbe es keine Erkenntnis des Guten, keine geistige Individualität. Nicht in der »Selbstlosigkeit«, sondern in der Überwindung des Selbstwahnes ist die Erlösung. Wäre der Mensch vom Anfange an in seinem Urquell geblieben, so hätte er keine Selbsterkenntnis erlangt. Der Lichtstrahl, der aus dieser Urquelle strömte und ins Materielle herunterstieg, wo er in der Täuschung der Selbstheit und des Sonderseins durch Jahrtausende gefangen lag, ist wieder zum Bewusstsein seiner wahren Gottesnatur gekommen und kehrt als bewusster Geist in die Harmonie des Weltalls zurück.

Zahlreich sind die Hindernisse, die sich um das täuschende Selbst sammeln und zu dessen Substanz werden. Ein klarer Kristall sollte die Seele sein, in dem das Bild der Gottheit sich widerspiegelt; aber dieser Kristall ist von Unwissenheit getrübt, von falschen Vorurteilen durchzogen, vom Eigendünkel gefärbt und von Leidenschaften angenagt. Da verbreitet die Eigenliebe ihr falsches Licht, der Größenwahn steht der Erkenntnis im Wege, die Begierde nach Besitz zerstört den inneren Frieden, die Sucht nach Wissen bringt Verwirrung, die Phantasie spiegelt uns Trugbilder vor, Geiz und Neid ziehen das Gelöste wieder zusammen, Traurigkeit verdunkelt das Gemüt, und der Mensch kann von seinen Leidenschaften aus eigener Machtvollkommenheit nicht lassen, weil sie ihm lieb und ein Teil seines angenommenen Wesens sind. Er kann nicht, weil er nicht will.

Da kommt die Kraft des göttlichen Willens seinem Willen zu Hilfe; denn der göttliche Wille ist eine Kraft der selbstlosen Liebe, wodurch die Erkenntnis der Einheit in allem geboren wird und welche die Täuschung der Selbstheit zerstört. Diese Kraft wirkt umso stärker, je mehr sie ausgeübt und durch die Tat befestigt wird. Der Vorgang der Erlösung hat somit ebenso gut seine exakt wissenschaftliche Erklärung als wie irgendein anderes Problem in der Naturwissenschaft.

Jede Kraft wächst in dem Verhältnis zu dem Widerstande, den sie überwindet. Die Flamme wird vom Brennstoffe, den sie verzehrt, genährt. Wo keine Neigung zur Sünde vorhanden ist, da gibt es nichts zu besiegen und nichts zu beherrschen. Ein energieloser Mensch ist zum Guten wie zum Bösen gleich unfähig. Das Böse selbst ist ein Mittel zur Offenbarung des Guten, so wie das brennende Holz ein Mittel zur Offenbarung des Lichtes ist. Je größer der Widerstand der Materie ist, umso größer wird die Kraft des Geistes, der diesen Widerstand überwindet. Dieses Gesetz gilt im Geistigen sowohl als in der Mechanik. Es gibt unter den Menschen zarte Pflanzen, die ihr Leben lang gegen jeden Windhauch geschützt werden und deshalb auch stets Schwächlinge bleiben. Andere sind wie die vom Nordwind umbrauste Eiche allen Stürmen des Schicksals ausgesetzt. Sie können vom Blitze zerschmettert, aber vom Sturme nicht entwurzelt werden.

Der Allgeist tritt in unzähligen Formen und Erscheinungen auf; er erfüllt die verschiedenartigsten Gefäße und bedient sich vieler verschiedener Werkzeuge. Jedes dieser Gefäße hat seine Evolutionsgeschichte durchzumachen, ehe es zur Erkenntnis des ihm innewohnenden Allgeistes kommt. Millionen von Jahren dauerte es, ehe das Tierreich sich aus dem Mineralreiche und Pflanzenreiche entwickelte und tierähnliche Menschenformen fähig wurden, den göttlichen Geist in sich aufzunehmen. Ist einmal die Seele zum Grade der Menschheit aufgestiegen, so sind noch viele Verkörperungen in der Materie nötig, ehe sie zur vollkommenen Selbsterkenntnis gelangen und ihren Kreislauf vollenden kann.

Die Entwicklung der Einzelerscheinungen bestimmt den Charakter des Ganzen. Die Welt ist nicht ein aus vielerlei in sich selbst bestehenden Stücken zusammengewürfelter Haufe, sondern dem Wesen nach ist alles eins. Es ist wie ein Fluss, in dem unzählige Strömungen nebeneinander laufen oder sich kreuzen, und doch alle nur Wasser sind. Jeder Tropfen bleibt in der Strömung, zu der er gehört, so lange, bis er von einer anderen Strömung erfasst wird; er ändert seine Richtung, aber nicht sein Wesen. Was die Strömungen untereinander verbindet, ist die Art ihrer Bewegung und die Gleichheit der Temperatur. Was die Menschenseelen untereinander verbindet, ist die Art ihres Denkens und die Gleichheit ihrer Empfindung. Die Wirkung des Karma aber beruht auf der Einheit des Wesens in allen Geschöpfen, infolgedessen auch alles, was der Mensch Gutes oder Böses tut, auf ihn selbst zurückfällt.

IX. DAS ICH UND DIE »ICHE«

>>Alle weiten kehren wieder zu ihrem
Ursprunge zurück. Wer aber mich erlangt, wird nicht mehr wiedergeboren.<<

Bhagavad Gita VIII, 6.

Auf der geistigen Erkenntnis der Einheit des Wesens im ganzen Weltall beruht die Erforschung der darin verborgenen göttlichen Geheimnisse. Der Besitz der Fähigkeit, diese Einheit in sich zu empfinden und sich selbst schließlich als das Ganze zu erkennen, ist der einzige Schlüssel zu einem wahren Verständnisse der großen Wissenschaft, welche »okkult« genannt wird, weil sie dem von der Selbstheit beschränkten irdischen Menschenverstande nicht zugänglich ist, und somit auch zu einem wirklichen Verständnisse der Lehre vom Karma. Die Wahrheit kennen zu lernen, heißt sich selbst in der Wahrheit zu finden. Um aber sein eigenes wahres unendliches Ich zu finden, dazu müssen die vielerlei Täuschungen überwunden werden, die sich unsere falschen »Iche« bilden; da sie sich unter allerlei Masken als unser »Selbst« darstellen, während sie doch nur von den auf uns einwirkenden Naturkräften hervorgerufene Bewusstseinszustände sind. Ohne das Erwachen des wahren Selbstbewusstseins im Menschen, wodurch derselbe zur wirklichen Erkenntnis seines Allseins und seiner Unsterblichkeit gelangt, ist ein wahres Verständnis der göttlichen Geheimnisse in der Natur eine Unmöglichkeit und ohne dieselbe überschreiten die gelehrtesten Abhandlungen über dieselben nicht den Rahmen der blinden Spekulation. Das wird auch in der Bibel gelehrt, welche sagt: »Suchet vor allem das Reich Gottes in euch selbst kennen zu lernen, und alles andere wird euch dann gegeben werden.« Aus diesem Grunde sind auch alle wahrhaft religiösen und okkulten Schriften weniger dazu dienlich, die wissenschaftliche Neugierde in Bezug auf geistige Dinge zu befriedigen, als vielmehr den nach Wahrheit suchenden Menschen den Weg zum eigenen geistigen Erwachen, zum eigenen geistigen Anschauen und Erkennen zu zeigen. Wem der Morgenstern der Weisheit nicht im eigenen Herzen aufgeht*), der wird ihn schwerlich in den Büchern der Gelehrten finden. Das ist es aber gerade, was den meisten Menschen, besonders denen, die gerne Mystiker sein möchten, nicht behagt, denen das eigene innere Wachstum viel zu langsam vor sich geht, und die deshalb lieber in äußerlichen Dingen nach der Wahrheit suchen; obgleich sie dort niemals gefunden wird, wenn man sie nicht schon im Innern erkannt hat.

Was ist nun das wahre Ich, nach dem wir suchen? — Da das ganze Weltall nur ein einziges, unteilbar in seinem Wesen, wenn auch höchst mannigfaltig in seinen Erscheinungen ist, und alles aus diesem Einen entspringt und in die Einheit zurückkehrt, so ist auch dieses Eine unser wahres, göttliches Ich, und der Zweck dieses Daseins ist, dass wir zum Bewusstsein dieses wahren, unendlichen Ichs, das alles umfasst und alles durchdringt, kommen sollen. Dieses eine ewige Ich, das der ganzen Menschheit gemeinsam ist und GOTT genannt wird, ist an kein Karma gebunden; es ist hoch erhaben über alles Zeitliche und Vergängliche; es wohnt nicht außerhalb der Natur, sondern in der Natur und in allen Dingen; es ist in der Tat das eine Wesen von allen Dingen; dennoch ist es kein Produkt der Natur und wird von keinem Dinge berührt. So ist es auch mit unserem innersten Selbstbewusstsein, das ebenfalls in uns und nicht außer uns wohnt, und dennoch mit allem, was unseren Körper betrifft, nichts zu schaffen hat. Ziehen wir uns in unser innerstes Selbstbewusstsein zurück,

---

*) II. Petrus I, ,9.

oder, was dasselbe ist, erheben wir uns zum höchsten Ideal, so ist weder unsere eigene Persönlichkeit, noch überhaupt etwas Äußerliches mehr für uns vorhanden. Lust und Schmerz, sinnliche Empfindungen, objektive Gedanken und Wahrnehmungen dringen nicht in unser innerstes Selbstbewusstsein ein; das Selbstbewusstsein an sich ist frei von allem, das außerhalb seiner selbst ist, und solange wir uns mit ihm identifizieren, sind wir in der Freiheit und Ruhe, einerlei unter was für Umständen unser Körper, der Wohnort dieses Selbstbewusstseins, sich befindet. Das innerste geistige Selbstbewusstsein ist nicht nur über jede körperliche Empfindung, sondern auch über jeden Seelenschmerz erhaben. In ihm existieren weder Zeit noch Raum noch Vorstellung, es weiß von nichts, als von sich selbst; es ist sich seiner selbst bewusst. Damit ist alles gesagt.

Anders verhält es sich, wenn wir aus dem Zauberkreise dieses Selbstbewusstseins heraustreten und an den Dingen teilnehmen, die uns umgeben. Je mehr wir uns mit diesen Dingen identifizieren, umso mehr wirken sie auf uns ein, und je mehr sie auf uns einwirken, umso mehr werden wir mit ihnen identifiziert. Jedes Ding stellt für sich eine Bewusstseinssphäre dar; durch unsere Verbindung mit ihm wird sein Bewusstsein das unsrige. Ein Schmerz, der einen Nerv unseres Körpers berührt, wird unser eigener Schmerz, sobald wir an seiner Empfindung teilnehmen; wir empfinden das Glück oder Unglück eines anderen Geschöpfes um so mehr, je mehr wir mit diesem Geschöpfe durch die Liebe verbunden sind.

Während nun in dem Selbstbewusstsein des Menschen, der keine geistige Erkenntnis besitzt, nichts enthalten ist, als das leere gehaltlose »Ich«, ist in der Erkenntnis des wahren göttlichen »Ichs« in seiner Vollkommenheit alles enthalten; weil dieses Ich die ganze Welt mit allen ihren Geschöpfen umfasst. Und was das Selbstbewusstsein im Körper ist, das ist die Gottheit (Brahma) in der Natur. In ihrem eigenen Wesen wird sie von nichts berührt, was in der Welt vorgeht, ist über alle Einflüsse, Empfindungen und Vorstellungen erhaben, selbstexistierend, sich selbst genügend, vollkommen, unnahbar, ewig und unveränderlich; aber indem die Gottheit durch die ihr innewohnende schöpferische Kraft eine Welt ins Dasein ruft, schafft sie sich einen Körper, und darin nimmt der zum Schöpfer gewordene GOTT an allem teil, was in seiner Schöpfung vor sich geht, ohne deshalb seine Gottheit zu verlieren; gleich wie der Mensch an allen Empfindungen seines Körpers teilnehmen kann, ohne deshalb sein Selbstbewusstsein gänzlich einzubüßen.

In diesem Allbewusstsein Gottes in der Natur, das von dem Allselbstbewusstsein der Gottheit zu unterscheiden ist, kann von keinem »Ich« und »Du« oder »Mein« und »Dein« die Rede sein. Es ist alles nur ein unendliches Wesen, GOTT. Seine Vorstellung ist die Welt seine Seele der Himmel, sein Körper das Universum, sein Geist die absolute Weisheit, seine Kraft die vollkommene Liebe, sein Leben - das Leben des Weltalls, das sich in allen Sphären widerspiegelt; seine Form alle Formen, die bestehen, sein Walten der freie Wille, sein Tempel das Menschenherz. Der Mensch, dessen Herz so von allen fremden Einflüssen, Begierden und Täuschungen gereinigt ist, dass GOTT (das wahre Ich) darin seine Kräfte entfalten kann, erkennt sein wahres Ich — nicht als einen gesonderten Teil des Ganzen, sondern als das Ganze selbst und nimmt an allem im Ganzen teil. Je mehr er aber am Ganzen teilnimmt, um so mehr erweitert sich der Kreis seines Empfindens und Denkens; bis es zuletzt nicht nur das eigene Selbst, nicht bloß die eigene Familie, nicht bloß die Nation, zu der er gehört, sondern die ganze Menschheit, alle Geschöpfe, die ganze Erde, ja sogar alle Welten umfasst. Da handelt es sich um keine Schwärmerei, um kein Herumfliegen unter den Sternen, sondern um das Wachstum der Seele, um die Ausbreitung des Bewusstseins, ohne deshalb aus dem Zentrum des Selbstbewusstseins herauszugeben; nicht um ein Herumflackern des Lichtes, sondern um eine Zunahme desselben, bis dass es weit hinein in die Ewigkeit dringt. Dann erst erscheint uns das Weltall nicht mehr als ein zusammengesetzter

Mechanismus, sondern wir erkennen es als ein lebendes Wesen; wir erkennen das eine Leben im Universum, welches die ganze Natur durchdringt und die Formen, welche sie hervorbringt, belebt. Da kann weder Lust noch Schmerz empfunden werden, ohne dass diese Empfindung durch das Weltall schwingt da zieht jeder Gedanke seine Kreise, wie ein ins Wasser geworfener Stein ringförmige Wellenbewegungen verursacht, die sich immer weiter fortpflanzen, bis sie sich im Unendlichen verlieren da ist jede Form ein Zentrum von Kräften, von dem Schwingungen ausgehen, um wieder nach ihm zurückzuströmen da wirkt jedes einzelne auf das Ganze, und das Ganze wieder auf das einzelne zurück. Da kann kein Mensch eine Tat begehen, deren Folgen nicht auf ihn selbst zurückfallen denn jeder ist wesentlich eins mit dem Ganzen, wenn er es auch noch nicht erkennt. Jeder stellt für sich eine kleine Welt in der großen Welt dar, die kleine steht mit der großen in jeder Beziehung im innigsten Zusammenhange Alles, was so eine kleine Welt oder eine Summe von solchen erzeugt, wirkt auf die große Welt und von ihr wieder auf die kleinen zurück.

Und nicht nur der sichtbare Mensch, sondern auch jeder Gedanke, der in seinem Gemüte geboren wird, durch seinen Willen Leben erlangt und durch seine Tat verwirklicht ins Dasein tritt, stellt eine solche kleine Welt in der größeren dar; jede hat ihre siebenfältige Organisation, wie sie bereits im vorhergehenden beschrieben wurde; jede bildet ein »Ei«, aus dem naturgemäß sich neue Produkte entwickeln; jede bildet eines der falschen »Iche«, aus denen die irdische Natur des Menschen zusammengesetzt ist. Somit hat auch jede ihr eigenes Karma; denn »Karma« heißt »Handlung« und jedes Ding handelt seiner Natur gemäß. Der Neid bringt nichts anderes als neidische Dinge zutage, der Zorn macht zornig, der Geiz geizig usf. Der göttliche Mensch in seinem geistigen Selbstbewusstsein handelt nicht, er ist über Eigenheit, und damit auch über alles eigene Tun und Lassen erhaben, aber die irdische Natur des Menschen, die »Persönlichkeit«, ist aus lauter

Karmazuständen zusammengesetzt, mit denen der Mensch so lange verbunden bleibt, als sein Wille nicht frei von seiner irdischen Natur und ihren Begierden geworden ist, was nur durch die in ihm offenbar werdende Kraft der Erkenntnis der Wahrheit geschieht.

Somit hat der Mikrokosmos des Menschen eine Menge von Bewohnern, von denen jeder sein Leben und Bewusstsein vorn Menschen als seinem Schöpfer erhält, gerade so wie alle Geschöpfe auf unserer Erde ihr Licht von der Sonne empfangen. Nicht alle diese Bewohner sind menschlicher Natur; es gibt auch viele tierische darunter, die aus den tierischen Leidenschaften geboren sind, und auch manche teuflische, die Ausgeburten der im Innern tobenden Hölle. In dem einen prädominiert die Schlauheit eines Fuchses in einem andern die Gefräßigkeit eines Wolfes, im dritten die Affenliebe usw., während manche den Tiger an Grausamkeit und den Bock an Eigensinn übertreffen. Man kann mit Recht ein Menschentier einen Esel nennen, wenn in ihm die seelischen Eigenschaften, die einen Esel auszeichnen, zur zweiten Natur geworden sind. Während aber im Tierreich nirgends vorbedachte Bosheit zu finden ist, findet sich diese unter den Menschen; denn es ist die Fähigkeit des rationellen Denkens, die den Menschen nicht nur über das Tier erhebt, sondern ihn auch befähigt, in sich selbst ein Heer von Teufeln zu schaffen.

Über diesen Gegenstand sagt Theophrastus Paracelsus: »Der tierische Mensch ist ein Kind aller Tiere, und das ganze Tierreich ist sein Vater. Die Tiere sind des tierischen Menschen Spiegel, in dem er sich selber erblicken kann. Der ist einfältig, der sich verwundert, dass der Hund seinen Herrn kennt, dass die Vögel singen usw. Der Mensch sollte sich nicht wundern, dass sein Vater (das Tierreich) das kann; vielmehr sollte das Vieh sich verwundern über seinen Sohn, dass er so ganz viehisch geworden ist und danach lebt. Speichellecker und Kriecher sollten nicht erstaunen, dass es der Hund ebenso macht, wie sie; vielmehr sollten sie über sich selbst erstaunt sein, dass sie so hündisch sind. Wenn ein Papagei spricht, so ist das nicht menschlich, wohl aber ist ein Mensch, der seine Zunge nicht nützlicher anwendet als ein Papagei, nicht mehr als ein solcher. So du zu essen verlangst, so fordert das nicht der Engel in dir, sondern deine Tiernatur. Der tierische Verstand ist im Menschen wie im Tiere derselbe, und aller Tiere Weisheit, Klugheit, Listigkeit, Vorsicht, Vernunft, Verstand ist alles im Menschen in Einem zusammengebracht. Deshalb ist der Mensch das höchste Tier und übertrifft alle Tiere. Unter den Tieren hat jede Gattung ihre ihr eigentümliche Natur, aber im Menschen sind alle diese Naturen zu einer Summe vereinigt, und es herrscht in ihm die Tiernatur vor, die in ihm am meisten ausgebildet ist. Was aber über das Tierische hinausgeht, das macht den eigentlichen Menschen und kommt nicht von dem Vieh; denn der Mensch hat doch einen anderen Vater, der ist ewig, und ihm soll er leben.« (»De Fundamento Sapientiae.« III.)

Das ist nun die Menagerie, die mehr oder weniger in jedem Menschen enthalten und ausgeprägt ist. Diese Tierformen bilden seine tierischen »Iche«. Jedes »Ich« hat sein Karma, d. h. jedes wirkt in ihm und durch ihn, und die Summe dieser Handlungen bestimmt das Karma des Menschen. Je mehr er sich der einen oder der anderen dieser Willensformen ergibt, umso mehr wird diese zu seiner zweiten Natur, und da die Handlungen eines Menschen aus seinem Charakter hervorgehen, so bestimmen diese die Art seiner Handlungsweise und er selbst muss die daraus bestimmenden Folgen tragen. Die Folgen einer bösen Handlungsweise sind stets am Ende schlimmer für den, von dem sie ausgehen, als für den, gegen den sie gerichtet werden. Wer z. B. einen Mord begeht, wird zum Mörder, und wer stiehlt, wird ein Dieb, und das ist am Ende schlimmer, als ermordet oder bestohlen zu werden; denn das Denken, Wollen und Handeln eines Menschen bildet seinen Charakter, nicht nur für dieses Leben, sondern auch für die darauf folgende Inkarnation, bei der er nach derjenigen Lebensstellung gravitiert, zu der ihn seine Natur anzieht. So kann es kommen, dass ein mordlustiger, habsüchtiger König in seinem nächsten Leben unter Mördern und Dieben, ein uneigennütziger, großmütiger, armer Schlucker das nächste Mal als ein Edelmann geboren wird. Es sind in dem Gewebe, das das Karma eines Menschen bedingen, viel tausend Fäden vorhanden, die sich nicht leicht entwirren oder verfolgen lassen.

Infolge des Missverstehens der Lehre vom Karma haben sich bei manchen die abenteuerlichsten Ansichten darüber gebildet; z. B. dass, wenn jemand einem anderen Menschen ein Auge ausschlägt, ihm dafür im nächsten Leben auch ein Auge ausgeschlagen werden müsse. Dergleichen Fabeln sind natürlich nur als Fabeln aufzufassen. Eine Tatsache ist es dagegen, dass jeder Gedanke, der einmal durch die Tat verwirklicht worden ist, danach strebt, wieder neuerdings durch die Tat ins Leben zu treten. Die Tat ist das Leben des Gedankens. Gedanken sind Dinge, und jedes Ding strebt nach Gestalt und Verwirklichung, sei es nun bewusst oder unbewusst. Eine einmal begangene Tat wird zur Triebfeder, die den Menschen zur Wiederholung treibt, wenn sie nicht durch den ihm innewohnenden höheren Willen niedergehalten wird.

Auch ist es erklärlich, dass der Charakter eines Menschen selbst den Zustand seiner physischen Organisation im nächsten Dasein auf Erden bedingt; denn der neugeborene Mensch ist auf Grundlage der bereits vorhandenen Organisation seiner »Astralseele« aufgebaut. Seine physischen Eltern sind nicht die Erzeuger seiner Seele, sie liefern nur das Material für die Verkörperung der bereits vorhandenen sich inkarnierenden Seele, und diese Seele ist der Sitz und Spiegel seines Charakters, während dieser das Resultat seiner Handlungen im vorhergehenden Leben ist.

Die Lehre vom Karma hängt aufs innigste mit der Lehre von der Wiederverkörperung zusammen; denn würde die Seele nur einmal auf der Bühne des Lebens auftreten, so hätte der Mensch auch keine besonderen angeborenen Talente oder Fähigkeiten, um den Kampf mit dem Leben aufzunehmen, und es wäre überhaupt nicht der Mühe wert, sich intellektuell oder geistig auszubilden; da dann das bisschen Vervollkommnung, das ein Mensch in einem einzigen kurzen Leben erringen kann, für alle Ewigkeit ausreichen müsste. Da wäre jeder wie ein Kaufmann, der sein Geschäft mit nichts anfangen muss und am Ende nichts hat. Aber weder die Lehre vom Karma, noch die Lehre von der Reinkarnation können klargemacht werden ohne eine Kenntnis der physischen, seelischen und geistigen Konstitution des Menschen.

Eine Erklärung dieser Zusammensetzung findet sich nirgends deutlicher und leichtfasslicher dargelegt als in den Schriften des indischen Weisen Sankaracharya. Wir wissen wohl, dass es viele gibt, die teils aus nationalem Eigendünkel, teils weil sie zu denkfaul sind, um den Sinn von einigen Sanskritworten, für die es im Deutschen keine passende Übersetzung gibt, zu lernen, behaupten, dass sie von der indischen Philosophie »nichts wissen wollen«. Sie kennen sie nicht. Wer sie aber einmal kennen gelernt hat und in ihren Geist eingedrungen ist, der findet darin die erhabenste Weisheit und Aufklärung über viele Geheimnisse, nach deren Lösung die moderne Wissenschaft mit allen Kräften strebt, jedoch vergebens, weil sie sie im Äußeren statt im Inneren sucht.

Die europäische Philosophie unterscheidet im Menschen Körper, Seele und Geist oder, mit andern Worten, das materielle, das empfindende und das denkende Prinzip, ohne dass aber die Philosophen sich über das eigentliche Wesen dieser drei Prinzipien im klaren sind; besonders aber herrschen in Bezug auf die »Seele« noch die verworrensten Begriffe. Der geist- und seelenlose Materialismus, der in neuester Zeit unter dem Namen »Seelenkunde« oder »Psychologie« paradiert, weiß nichts von Geist und nichts von Seele (Psyche), sondern beschränkt sich auf gewisse physiologische Phänomene, die er als das Resultat der organischen Tätigkeit des Körpers (von deren Ursprung er ebenfalls nichts weiß) betrachtet. Außerdem umfasst der Begriff »Seele« zweierlei Dinge, nämlich niedere und höhere Seelentätigkeiten; mit anderen Worten:

eine menschlich-tierische, unvernünftige Seele, in der nur niedere Instinkte, Leidenschaften und materielle Begierden herrschen, und eine menschlich-göttliche Seele oder Seelenregion, in der die Vernunft und die Weisheit regieren. Die indische Philosophie dagegen unterscheidet im Menschen auch noch ein halbmaterielles Prinzip, den »Astralkörper«, der Leib und Seele miteinander verbindet, ferner die Lebenskraft, das Gemüt und den Verstand. Diese Einteilung ist nicht so, wie die Philosophie unserer modernen Spekulanten, der Phantasie eines Menschen entsprungen; wer Weisheit hat, erkennt ihre Wahrheit. Die aber, die keine Erkenntnis besitzen und stets nach handgreiflichen Beweisen verlangen, sollten die Worte jenes deutschen Philosophen *) beherzigen: »Wenn du die Wissenschaft des Geistes verstehen lernen willst, so lasse deinen Eigendünkel fahren und vergaffe dich nicht in die Weisheit der Gottlosen. Sieh zu, dass du den heiligen Geist, der von Gott ausgeht, in deinem Geiste habest; der wird dich in alle Wahrheit leiten und sich in dir offenbaren. Dann wirst du in seinem Lichte und in seiner Kraft sehen bis in die heilige Dreifaltigkeit.«

Nach der indischen Lehre sind sowohl im Weltall als Ganzem (Makrokosmos), als auch im Menschen als einer Einheit (Mikrokosmos) in der großen Einheit, vier Daseinszustände oder »Pläne« zu unterscheiden, nämlich:

I.   Die materielle Welt.
II.   Die Astralregion.
III.   Der geistige Plan.
IV.   Die Gotteswelt.

Dass diese nicht voneinander örtlich getrennt sind, braucht kaum erwähnt zu werden, sind ja doch auch Wärme, Leben, Empfindung, Geist, die den Körper durchdringen, voneinander verschiedene aber dennoch nicht örtlich getrennte Dinge. In der Tat ist die Gotteswelt der alles durchdringende Geist, der geistige Plan, der Abglanz der Gotteswelt in der höheren Seelenregion; die Astralwelt die Widerspiegelung dies Lichtes der Seele in der Region des »Äthers« (A k â s a), und die sinnlich äußerlich wahrnehmbare Welt die Verkörperung und äußere Erscheinung in der »Materie« von den Dingen, die in der Astralwelt existieren. Wir alle haben deshalb nicht nur Seelen und Astralkörper, sondern wir sind selbst diese Seelen und Astralwesen; unsere Organisation besteht aus Schwingungen, deren höhere Oktave unserem unsichtbaren feineren Körper angehört, und deren niederste Oktave der äußerlich sichtbare und greifbare Körper ist.

Somit ist unser materieller Körper eine vorübergehende Form des Daseins, eine Form, ein Bild oder Symbol unseres Wesens, in dem unser Charakter mehr oder weniger, je nach dem es die Bildsamkeit der Materie zulässt, klar ausgedrückt ist. Wäre der ganze Körper vom göttlichen Geiste durchdrungen, so würde auch unser Körper vollkommen sein. Diesem Durchdringen setzt die grobe Materie große Hindernisse in den Weg. Sie zu überwinden ist der Zweck des Lebens und der aufeinander folgenden Reinkarnationen. Der physische Körper ist deshalb gar nicht der wichtigste und wesentliche Teil der menschlichen Konstitution, er ist in der Tat in Bezug auf das ewige Dasein von gar keiner Bedeutung, da er nur die äußere Hülle oder das »Gefäß« ist, worin der psychische Mensch seinen Sitz hat, er ist der Rock, den der Mensch bei der Geburt anzieht und beim Tode auszieht; aber in Bezug auf die geistige Fortentwicklung des psychischen Menschen ist er von höchster Bedeutung, weil in ihm alle die Kräfte und Tugenden aufgespeichert und sozusagen »kristallisiert« sind, die der psychische Mensch zu seiner Weiterentwicklung nötig hat. Die rationelle Verwendung der im Körper enthaltenen seelischen (okkulten) Kräfte ist die praktische Alchemie.

Der physische Körper oder die »Persönlichkeit« erscheint uns als unser »Selbst«, solange wir uns in unserer Vorstellung damit identifizieren. Aber Sankaracharya lehrt uns noch eine ganze Reihe von »Selbstheiten« kennen, von denen immer eine höher ist als die andere. Der Beweis aber, ob die Lehre Sankaracharyas richtig ist, wird dadurch gefunden, dass es uns gelingt, uns in unserm Bewusstsein selbst zu unserm höhern Selbst aufzuschwingen. Das ist der richtige »Beweis«, die Erfahrung, vor der alle Zweifel verschwinden, und ohne die unsere Gelehrten, Theologen und Psychologen stets im Dunkeln tappen werden, wenn sie sich auch noch so sehr bemühen, äußerliche Beweise für das zu finden, was in ihnen selber enthalten ist, ohne dass sie es erkennen.

Das wahre Selbst aller Menschen ist der göttliche Geist (Atma), aber fünf Schleier sind es, die uns dieses Selbst verhüllen, und von denen uns jeder als das eigene Selbst erscheint, solange wir uns in unserm Bewusstsein damit identifizieren und den nächst höheren Zustand nicht erkennen. In der »Taittiriya Upanischad« finden wir das auf folgende Weise erklärt:

1. Der erste Schleier, der uns umgibt und unser eigenes wahres Wesen vor unsern Augen verhüllt, ist unser ätherischer Körper (A n n a m a y a K o s c h a), dessen äußerlich ei. sichtbarer Ausdruck der materielle physische Körper ist. »Beim Verlassen des Körpers vereinigt sich der Mensch zuerst mit diesem inneren ätherischen Selbst.«

2. Die nächste Hülle oder das nächste innere Selbst ist das »aus Leben geformte Selbst« oder die »Lebensseele« (P r a - n a m a y a K o s c h a), der Sitz des Lebens (P r a n a) und auch der Sitz der tierischen Instinkte und Begierden (K a m a), von denen oben die Rede war. Wie im physischen Körper jede Zelle, jedes Blutkörperchen eine Einheit in der großen Einheit darstellt, ihre eigene Lebenstätigkeit und ihren Wirkungskreis hat, aber dennoch vom Ganzen belebt und davon abhängig ist, so bildet auch jeder in diesem Lebenskörper (K a m a r u p a) vorhandene Bewusstseinszustand ein »Ich« für sich, das sein Leben und Bewusstsein vom Ganzen erhält, aber sich auch, wo es an der nötigen Selbstbeherrschung fehlt, über das Ganze ausbreiten und davon Besitz ergreifen kann, wie es z. B. bei Narren, Besessenen, »Medien« und allen, die ihre geistige Individualität verloren haben, der Fall ist. Diese »Lebensseele« ist in dem vorhergehenden ätherischen Körper verkörpert.

Von ihr erhält der materielle Körper seine Fähigkeit zu leben und seine organische Tätigkeit.

3. Über diesem Selbst und darin verkörpert finden wir das empfindende Selbst, das »Gemüt« (M a n o m a y a K o s c h a), aus dem die Gemütsbewegungen und auch die Lebenstätigkeiten entspringen. Während das vorhergehende die Tierseele im Menschen repräsentiert, ist dieses der Sitz der eigentlichen Menschenseele, in welchem der Kampf zwischen den höheren und niederen Seelenkräften stattfindet; das Feld, auf dem der Mensch nach aufwärts streben und durch die aus der Überwindung des Niederen entspringende Erkenntnis seine Unsterblichkeit erringen muss.

4. In diesem Selbst ist wieder ein anderes, höheres, verborgen, das erkennende Selbst (V i j n a n a n a m a y a K o s c h a), aus dem die Tätigkeit des Denkens entspringt, und dessen Seele die Erkenntnis ist. Es ist der Sitz der geistigen Wahrnehmungskraft, der Weisheit, des Glaubens, der Gerechtigkeit, Gotteserkenntnis und der Erleuchtung.

5. In diesem und über diesem ist das himmlische Selbst (A n a n d a m a y a K o s c h a), dessen Wesen die absolute Erkenntnis und Seligkeit ist, in welchem alle Unterscheidung von »Ich« und »Du« aufhört, und dessen eigentliche Heimat die Ewigkeit ist*).

Über allen aber steht der göttliche Geist (A t m a); er durchdringt sie alle, belebt sie alle, erfüllt sie alle; aber er leuchtet nicht in allen auf dieselbe Art, weil der Geist das Licht der Erkenntnis ist und die Hüllen das Dunkel sind, und das Licht noch nicht in allen Menschen das Dunkel überwunden hat. Auch wird es keinem Menschen je gelingen, aus eigener Macht dieses Dunkel zu überwinden; denn der Mensch ist nicht das Licht und hat keine Macht über dasselbe. Nicht der Mensch der Erde und auch nicht der Mensch des Himmels, sondern das Licht in ihm überwindet das Dunkel, nicht der erkenntnislose Mensch, sondern die Offenbarung der Er

---

*) Siehe Sankaracharya, »Tattwa Bodha«, Lotusblüten, Vol. III.

kenntnis in ihm wird Sieger über seine Unwissenheit, vorausgesetzt, dass er nicht an seiner Unwissenheit festhält und dadurch die Offenbarung des Lichtes in seinem Innern verhindert. Das ist die so vielfach missverstandene Lehre von der Nutzlosigkeit der Selbstgerechtigkeit und des Eigenwillens, nach der die Erlösung nicht von einem äußerlichen Glauben an einen historischen Gott, auch nicht von dem Belieben einer äußerlichen Person, sondern von der Wirkung der in uns selbstwirkenden Kraft der Gotteserkenntnis abhängig ist.

Jede dieser »Selbstheiten« aber hat ihre Heimat in dem ihrer Natur entsprechenden Daseinsplane, sie wird aus ihm geboren, erhält aus ihm ihre Nahrung und kehrt wieder in ihn zurück. Der irdische Körper des Menschen ist aus den vier Elementen geboren, wird von ihnen genährt und löst sich nach dem Tode wieder in diese vier Elemente auf. Der göttliche, erkennende Mensch ist aus Gott geboren, wird durch die Kraft der göttlichen Weisheit (Theosophie) stark und kehrt am Ende wieder zu Gott zurück. Die »Astralseele« des Menschen gehört dem Astralplane, seine tierischen Willensformen der Welt der Elementarwesen und seine Gedanken dem geistigen Plane an. Seine niederen Begierden und Instinkte erhalten ihre Nahrung aus der Welt der Begierden, sein Denken wird durch die Welt der Ideen genährt. So hängt der Mikrokosmos des Menschen mit dem Makrokosmos der Welt zusammen und ist eins mit ihm, so wie ein Organ im Menschen eine Einheit in der Einheit des Ganzen ist. Dasjenige »Ich«, mit dem der Mensch sich in seinem Bewusstsein (nicht aber in seiner Phantasie) identifiziert, ist er selbst, solange als er damit identisch ist, und damit nimmt er auch teil an dem Karma desjenigen Teiles seines Selbst, das er selber ist. Wem es aber durch die Kraft der Selbsterkenntnis gelingt, sich mit seinem höchsten Selbst zu vereinigen, der ist keinem Naturgesetze und deshalb keinem Karma mehr unterworfen, denn er steht wenn auch in der Natur, so doch über aller Natur; »er ist kein Geschöpf mehr, sondern eins mit dem Schöpfer«.

Ferner lehrt uns die Upanischad, dass, »wer das erkennt

und seinen Körper verlässt, der erlangt und wird der Reihe nach vereinigt mit seiner ätherischen Form, mit dem Lebenskörper, der empfindenden (menschlichen) und erkennenden (göttlichen) Seele, dann mit dem himmlischen Selbst, der ewigen Seligkeit«. Wohl kehrt am Ende alles wieder zu Gott zurück; ob aber eine Menschenseele in einem Zustande des Selbstbewusstseins zu Gott zurückkehrt, das wird notwendigerweise davon abhängen. Inwieweit es dieser Seele gelungen ist, während ihres Lebens zur Fähigkeit, Gott zu erkennen, d. h. zum wahren göttlichen Selbstbewusstsein zu gelangen. Wenn dieses wahre Selbstbewusstsein in ihr erwacht ist, so kann von keinem »Auslöschen der Individualität in Nirwana«, so wie es manche sich denken, die Rede sein; denn gerade durch diese Selbsterkenntnis erlangt der Geist seine wahre Individualität, die nicht auslöscht, sondern so groß ist, dass sie die ganze Gottheit umfasst, und zwar aus dem leicht begreifbaren Grunde, weil sie eins mit der Gottheit ist.

X. DIE WIEDERVERKÖRPERUNG

»Wie ein Mensch, der seine alten Kleider
abgelegt hat, ein neues Gewand anzieht, so
offenbart sich die ewige Wesenheit, wenn
die alten Formen zerbrochen sind, in anderen sich neubildenden Formen«.

Bhagavad Gita II, 22.

Die Wiedergeburt, das heißt die Wiederverkörperung der menschlichen Seele in einem neuen Körper, nachdem sie den alten verlassen und längere oder kürzere Zeit die ewige Ruhe genossen hat, ist eine Tatsache, die von den Weisen aller Nationen seit den ältesten Zeiten erkannt und gelehrt wurde, und auch heutzutage von den größten Denkern der Gegenwart geglaubt wird. Wenn sie in der Bibel nicht ausdrücklich als Dogma aufgestellt ist, so ist die Ursache davon wohl nur, dass man es damals nicht für nötig hielt, eine Sache besonders zu betonen, an der ohnehin niemand zweifelte; es wird aber auch in der Bibel mehrfach darauf hingewiesen; so fragen z. B. in Johannes IX die Jünger, ob es der Mann (in seinem früheren Dasein) selbst verschuldet hätte, dass er in diesem Leben blind geboren wurde, und an einer anderen Stelle fragen sie Jesus, ob er (in seinem früheren Dasein) Moses oder Elias gewesen sei, usw. In Wirklichkeit ist die ganze Lebensgeschichte von Jesus die dramatische Darstellung der göttlichen Inkarnation. Aber es ist nicht viel damit gedient, dass man die Lehre von der Reïnkarnation nur für wahr hält, ohne das Gesetz, auf der sie beruht, zu kennen. Ein blindes Fürwahrhalten ist noch keine Erkenntnis; wohl aber kann die Erkenntnis einer Wahrheit nicht eintreten wenn man die darauf bezügliche Lehre gleich zu Anfang rundweg verwirft.

Die Lehre von der Reïnkarnation ist nicht mit der so genannten »Seelenwanderung« zu verwechseln, nach der, wie es manche unwissende »Gelehrte« betrachten, ein Mensch in seinem nächsten Lehen als ein Ochs oder Esel sich wieder verkörpert; denn eine Seele, die sich einmal zum Bewusstsein ihrer wahren Menschenwürde aufgeschwungen hat, würde in einem Tierkörper nicht die geeigneten Bedingungen zu ihrer fortschreitenden Entfaltung und Veredelung finden. Auch ist es nicht der persönliche Mensch, gerade so wie er im vorhergehenden Leben war, der sich wieder verkörpert, sondern der göttliche Geist bringt einen neuen Menschen hervor, in dem die Summe der Talente und Fähigkeiten, die der alte Mensch in seinem vorhergehenden Leben erworben hat, sich repräsentiert und zu weiterer Benutzung vorhanden ist.

Die Wiederverkörperung des Menschen ist am Ende nichts anderes als ein Bild im Kleinen von der Evolution und Involution des Weltalls während einer Schöpfungsperiode; denn auch Planeten und Welten sterben, und ihre Seelen verkörpern sieh wieder zu neuen Welten, auf denen eine neue Lebensperiode beginnt.

Wir haben im vorhergehenden Kapitel betrachtet, wie der Mensch, nachdem er seinen sterblichen Körper verlassen hat, in andere aufeinander folgende Bewusstseinszustände eintritt ein »Gewand« nach dem anderen ablegt, bis schließlich, wenn alles abgelegt ist, was nicht GOTT ist (wie Meister Eckehart sagt), nur noch GOTT übrig bleibt. Das ist die Involution oder die Rückkehr des göttlichen Lichtstrahls, der den Menschen darstellte, zu GOTT. Ist nun die Zeit zur Wiederverkörperung dieses Lichtstrahles in einer neuen menschlichen Erscheinung gekommen, so findet das Umgekehrte statt, die sich verkörpernde Seele zieht wieder neue Gewänder an, die umso dichter werden, je mehr sie sich dem Materiellen nähert. Es sind das in der Tat neue Gewänder, doch der Stoff hierzu ist der alte. Die Neigungen und Talente, die im früheren Dasein erworben wurden, stellen sich wieder ein und werden mit dem neuen Gewande verwoben, die Astralelemente leben wieder auf, das Karma tritt wieder in seine Rechte und vermittelst des natürlichen Weges der Zeugung und Geburt erlangt die Seele die Mittel zur Wiederverkörperung.

Hieran ist nichts Erstaunlicheres, als daran, dass dieselben Naturkräfte, die einen Kirschbaum zum Wachsen brachten, aus dem Kerne einer Kirsche dieses Baumes gerade wieder so einen Kirschbaum wachsen machen. Der »Kern«, der beim Tode eines Menschen übrig bleibt, ist sein Karma. Tritt der Geist wieder hinzu, so nimmt die während des Zwischenzustandes latente Energie ihre Tätigkeit wieder auf. Das Gesetz der Evolution ist nur ein einziges, wenn es auch unter verschiedenartigen Bedingungen auftritt. Die organisierende Kraft im Kirschkerne schlummert, bis das Licht und die Wärme das Leben darin erweckt. Die nach dem Tode zur Ruhe gekommenen Seelenkräfte des Menschen wachen wieder auf, wenn der Geist von neuem sie belebt. So auch im Weltall als Ganzem. Die Bibel sagt: »Die Erde (d. h. die materielle Seele der Welt) war formlos und leer, Finsternis war auf der Tiefe (dem Raum) und der Geist Gottes bewegte sich über den Wassern.« In den orientalischen Schriften ist dasselbe noch deutlicher erklärt:

»Das Weltall war in Dunkel gehüllt, unsichtbar, namenlos, undenkbar, unverkennbar im traumlosen Schlafe. Da offenbarte das Selbstsein, der nichtoffenbare Meister, dieses Weltall und seine Kräfte. Das Licht erschien und brach durch die Finsternis. Er dachte und strebte danach, verschiedenartige Dinge hervorzubringen, und brachte zuerst die Gewässer (Symbol der Ideen) hervor und in diesen wurde seine Kraft tätig. Diese Kraft wurde ein goldenes Ei, tausendfältig, harmonisch gestaltet; in diesem wurde der Erschaffer selbst geboren, der große Vater von allen Welten. Und der Meister wohnte während einer Periode in dem Ei und durch sich selbst, durch den Gedanken, teilte er das Ei in zwei Teile. Und aus den zwei Teilen formte er Himmel und Erde (die obere und die untere Seelenregion) und in der Mitte den

Raum, den beständigen Ort der Gewässer*).«

Wer Intuition und Einsicht hat, bedarf hierzu keiner Erklärung. Schon das alltägliche Erwachen ist ein Bild der Reïnkarnation. Während des Schlafes zieht sich der Geist in sich selbst zurück; die Sinne stellen ihre Tätigkeit ein, ja selbst das Denken hört auf; aber über »den Wassern« schwebt der entkörperte Geist, der während des Schlafes nicht offenbar, unsichtbar, namenlos, undenkbar und unverkennbar, aber in sich selbst selbstexistierend, und unabhängig von seiner Offenbarung in der Materie ist; denn wäre der Geist an sich ein Produkt des Körpers, so wäre auch unser Selbstbewusstsein mit jedem Erwachen ein anderes, oder wie Friedrich Rückert sagt:

»Ich hätt' in jeder Nacht mich, der ich war, verloren,
Und wär' an jedem Tag als der nicht war geboren**).«

Unsere Seele ist das »goldene Ei«, der Geist in uns der Schöpfer; durch seine eigene Kraft, durch sein Denken unterscheidet er zwischen dem »Himmel« (»Der Wahrheit«) und der »Erde« (dem Vergänglichen), und mit jedem Erwachen bricht ein neuer Tag der Schöpfung von Gedanken in uns an. Durch die Kraft des Geistes sind wir selbst zu den Schöpfern unserer Gedanken und Herren unserer Welten gemacht. Während des Schlafes verlässt der Geist (das Bewusstsein) seine Wohnung (den Körper), und kehrt beim Erwachen wieder zurück, aber im Tode zerfällt das Haus und die zurückkehrende Seele muss sich ein neues erbauen.

Das göttliche Selbst ist keiner Inkarnation oder Verkörperung unterworfen; es ist »der stille Zuschauer«, der unberührt ist von allem, was in der S a m s â r a , der Welt der Erscheinungen, vor sich geht***). Es ist »die reinste Idealität,

---

*) Manava Dharma Schostra. I.

**) Wir dürfen den Geist nicht mit seiner Offenbarung in uns verwechseln. Wenn wir, solange wir im Schlafe sind, vom Geiste nichts wissen, so folgt daraus nicht, dass der Geist während wir schlafen, nichts von sich selber weiß.

***) Bhagavad Gita. XIII, 22.

in die keine Veränderung hineindringt *). Es ist das wahre Selbst, aus dem alle Selbstheiten, die Einheit, aus der alle Zahlen entspringen; das allein Unsterbliche, Niegeborene; der Wille der ewigen Weisheit**), der nicht vergeht, wenn auch Himmel und Erde vergehen***), und durch den wir allein das Selbstbewusstsein der Unsterblichkeit erlangen können, wenn es uns gelingt, unser »Ich« in diesem göttlichen Selbst aufgehen zu lassen, sowie der Funke in der Flamme aufgeht und dadurch zum Lichte wird. Das, was sich wiederverkörpert, ist die durch den Willen zum Sonderdasein ins Dasein getretene Daseinsform.

Der größte von allen Lehrern, Gautama, genannt der Buddha, d. h. der vom heiligen Geiste der Gotteserkenntnis Erleuchtete, beschreibt den Vorgang der Reinkarnation, sowie die Befreiung davon, folgendermaßen:

»Die Nichterkenntnis der Wirklichkeit ist die Quelle aller Übel. Aus dieser Nichterkenntnis entspringen die Neigungen (der Wille zum eigenen Leben) zur Verkörperung, Sprache und Denken. Aus diesen Neigungen entspringt der Eigendünkel (das falsche Selbstbewusstsein), aus diesem kommt Name (Eigenschaft) und Gestalt; von diesen entstehen die sechs Sinne, aus diesen entspringt die Begierde nach Besitz, aus der Begierde das Gebundensein (Karma), aus dem Gebundensein das (objektive) Dasein, Geburt, Alter, Tod, Sorge, Klage, Leid, Traurigkeit und Verzweiflung. Durch die Zerstörung der Nichterkenntnis (durch die Erkenntnis der Wahrheit) werden die Neigungen (der Wille zum Sondersein) sowie deren oben erwähnte Folgen, Eigendünkel, Eigenschaft, Form, die sechs Sinne, Berührung, persönliche Empfindung, Begierde, Gebundensein, (objektives) Dasein, Geburt, Alter, Tod, nebst den darauf folgenden Übeln überwunden und vermieden. Aus der Nichterkenntnis entspringen alle Übel; aus der Erkenntnis kommt das Aufhören aller Leiden. Der wahrhaft erleuchtete

---

*) Eckebart.
**) Böhme.
***) Offenbarung St. Joh.

Mensch zerstreut durch das Licht seiner Erkenntnis das Heer der ihn umgebenden Täuschungen, so wie die Sonne am Himmel die Wolken zerstreut.«

Wer den Geist der wahren christlichen Religion erkennt und in die Geheimnisse des wahren Christentums eingedrungen ist, der findet auch in den christlichen Glaubensartikeln die Lehre vom Karma und der Reinkarnation vertreten; denn der »Tag des Gerichts« bezieht sich unter anderem auf den Abschluss der Bilanz des Karma des vorhergehenden Lebens, der entscheidet, ob der Mensch seinem ewigen oder seinem vergänglichen Ich angehört, und auch seine Stellung im zukünftigen Leben auf dieser Erde bestimmt. Unter der »Auferstehung des Fleisches« aber ist nichts anderes zu verstehen, als das Wiedererwachen der Astralseele, welche aus dem »Fleisch«, d. h. aus den materiellen Neigungen und Begierden geboren ist. Es gibt keinen Mystiker, der unter dem Worte »Fleisch«, wenn es in dieser Beziehung gebraucht wird, dasselbe versteht wie ein Metzger. Der tote Kadaver steht als organisches Ganzes nicht wieder auf, sondern seine Elemente gehen in andere Formen über; aber das, was aus fleischlichen, d. h. sinnlichen und selbstsüchtigen Begierden, Gedanken und Taten geboren ist, ist »Fleisch« im mystischen Sinne, und hängt sich wie ein Schatten an die Seele in ihrer folgenden Inkarnation.

Mit dem Tode eines Menschen, oder vielmehr mit der Trennung der höheren Prinzipien des Menschen von seinen niederen, die nach dem Tode des Körpers eintritt, hat auch sein Karma ein Ende; denn die Vernunft, vermittels derer der Mensch über seine Handlungen entscheidet, gehört dem göttlichen Teile an, und er handelt nach dieser Trennung nicht mehr, während die zurückgebliebene Larve, die sich mitunter noch unter den Spiritisten bemerkbar macht, keine Vernunft mehr hat, und deshalb keines eigenen Handelns fähig ist, sondern höchstens noch den auf sie einwirkenden Einflüssen gehorcht und wie im Traume Handlungen wiederholt, die sie im Leben begangen hat. Es gibt aber auch Fälle, in denen durch spiritistische Künste der Geist des Verstorbenen, ehe die oben genannte Trennung stattgefunden hat, gewaltsam wieder zum irdischen Leben heruntergezogen und genötigt wird, an irdischen Dingen teilzunehmen. Das ist die höchst verwerfliche Kunst der Nekromantie, durch die die Seele an ihrem Eingehen in GOTT gehindert und veranlasst wird, wieder in den Schmutz dieser Welt einzutauchen und sich neues Karma zu schaffen. Hat die Trennung des Geistigen vom Materiellen aber einmal stattgefunden, so ist die Seele frei und hat mit dem Karma so lange nichts mehr zu schaffen, bis durch ihren Wiedereintritt ins Leben das Karma von neuem in Wirksamkeit kommt.

Um aber alles das dem Nichtokkultisten verständlicher zu machen, wird es nötig sein, die Wanderungen der Seele nach dem Verlassen des Körpers zu betrachten: Wenn die Seele ihre sichtbare materielle Hülle abgestreift hat, so findet sie sich zunächst mit ihrem ätherischen Körper bekleidet*). Ob sie sich in diesem längere oder nur kürzere Zeit aufhält, wird davon abhängen, ob sie noch sehr am irdischen Leben hängt, oder gewillt ist, es zu verlassen. Unter gewöhnlichen Umständen verlässt aber die Seele auch diese Hülle schon beim Verlassen des Körpers und befindet sich dann mit ihrem »Begierdenleib« (Kamarupa) im Kamaloka, der niederen Region des Astralplanes, dem »Schattenreiche«, wo die Astral-Überbleibsel von allem, was gelebt hat, ihrer Auflösung entgegengehen. Dort verharrt sie, bis durch den »zweiten Tod« eine Trennung der höheren Prinzipien von den niederen eintritt. Nur während dieses Zustandes ist ein Verkehr mit den »Verstorbenen« möglich, der naturgemäß für den Verstorbenen höchst nachteilig ist, da sein ganzes Bestreben nach oben, nach der Vereinigung mit seinen höheren Prinzipien gerichtet sein sollte**). Auch hier ist ein bewusstes oder unbewusstes,

---

*) Das ist unter anderem beim Scheintoten der Fall, wo die Trennung von Seele und Körper noch nicht vollständig ist, sondern noch ein Zusammenhang zwischen den beiden besteht. Siehe: »Lebendig begraben.«
**) Vgl. H. P. Blavatsky: »Schlüssel zur Theosophie.«

ein kürzeres oder längeres Verbleiben in diesem Zustande von dem Grade der Reinheit und der Richtung des Willens der Seele abhängig; dann aber tritt die Erlösung aus dem »Fegefeuer« durch die Trennung der höheren von den niederen Prinzipien ein. Der Geist geht in denjenigen Zustand ein, welcher im Sanskrit »S w a r g a«, im Deutschen als »Himmel« bezeichnet wird, und der, je nach den Verdiensten des Menschen, sehr lange, ja sogar Jahrtausende dauern kann; die geistlose leere Hülle bleibt auf dem Astralplane als eine bewusstlose Larve zurück, die allenfalls dazu dienen mag, gläubige Spiritisten zum Besten zu halten, wenn sie durch ein geeignetes »Medium« Lebenskraft mitgeteilt erhält und dadurch in ein Scheinleben »galvanisierte und von einem Elementargeiste oder Dämonen besessen wird.

In »Swarga« oder »Devachan« existiert der entkörperte Mensch als das Ideal der Persönlichkeit, die er auf Erden darstellte, frei von der ihm auf Erden anhängenden Tiernatur; aber sein Karma bleibt an dessen Schwelle zurück, und wenn die Stunde der Wiedergeburt kommt so nimmt er das Kreuz, das er sich im vorhergehenden Leben gezimmert hat, wieder auf seine Schultern.

In den Chandogya Upanischad heißt es: »Nachdem die Seelen im Himmel so lange gewohnt haben, bis das Verdienst ihrer guten Werke erschöpft ist, kehren sie auf demselben Wege, auf dem sie gekommen sind, wieder zurück, nämlich von der höheren zu der niederen ätherischen Region, woselbst sie wie ein »Nebel« erscheinen, der sich nach und nach zu einer wolkenähnlichen Form verdichtet, die sich zusammenzieht und sie zum Tore der Wiederverkörperung bringen. Und für die, deren Taten edel waren, ist es wahrscheinlich, dass sie zu etwas Edlem bestimmt sind, zu Priestern, Kriegern oder wohlhabenden Leuten; während die, deren Werke gemein und abscheulich waren, zu einer abscheulichen Geburt, tierisch, schweinisch oder sklavisch bestimmt sind.«

Ferner wird gesagt:

»Jeder wird das, wozu er sich durch seine Handlungen

gemacht hat. Wenn seine Handlungen würdig waren, so wird er würdevoll, waren seine Handlungen gemein, so wird er gemein; durch heilige Werke wird er heilig und durch unheilige Taten unheilig; denn es heißt, dass der Geist aus Begierde gebildet sei, und wie die Begierde ist, so ist der Wille. Je nach der Beschaffenheit seines Willens handelt der Mensch, und er selbst geht zu dem, was er vollbracht hat.«

Desgleichen sagt die B h a g a v a d   G i t a : »Der gute aber noch nicht völlig erkennende Mensch wird, nachdem er den Himmel der Gerechten erlangt und dort ungezählte Jahre gewohnt hat, wieder in dem Hause eines guten und edlen Menschen geboren; oder er kommt in der Familie von weisen und gottergebenen Eltern auf die Welt *).«

»Nach vielfachen Geburten geht er in mich ein. Aber die Selbstsüchtigen und Gottlosen verstoße ich in den Schoß der Dämonen **).«

GOTT ist die Liebe; deshalb ist auch der GOTT eines Menschen das, was der Mensch von Herzen liebt, und jeder geht am Ende zu dem, wozu er sich durch seine Liebe angezogen fühlt. »Wer sich den Göttern weiht, geht zu den Göttern; wer sich den Vorfahren (Pitris) weiht, geht zu diesen; wer sich den Dämonen opfert, geht zu den Dämonen; wer mich allein liebt, geht zu Mir ***). Stirbt sein Körper, wenn die Erkenntnis (Sattwa) in ihm reif geworden ist, so geht er ein in die reinen Regionen der Guten. War die Habsucht (Radschas) in seiner Natur vorherrschend, so wird er wieder unter Menschen geboren, die an ihre Werke (Karma) gebunden sind. War aber seine Natur von Torheit) (Tamas) beherrscht, so wird er wieder unter den Toren geboren †). Wer aber von jeder Art von Selbstsucht frei ist und Ruhe in seinem Herzen hat, der kann Eins mit Brahma werden. In seiner Vereinigung mit Mir findet sein Geist die ewige Ruhe. Durch

---

*) Kap. VI, 41.
**) Bhagavad Gita. XVI, 19.
***) Ibid. IX, 25.
†) Ibid. XIV, 14.

dieses Eingehen in Mich erlangt er meine eigene Erkenntnis, mein Wesen, meine Wahrheit, mein Sein, meine Größe, und wenn er mich in Wirklichkeit ganz erkennt, so ist er auch ganz in Mir*).«

Alles das beruht auf leichtverständlichen und natürlichen Gesetzen und bedarf zu seiner Erklärung keiner übernatürlichen oder außernatürlichen Einmischung. Die Persönlichkeit des Menschen ist etwas Kleinliches, Beschränktes und gehört der Erde an. Alle Taten, seien sie gut oder schlecht, gehören, wenn sie aus Selbstgefühl hervorgehen, dem irdischen Menschen an, der göttliche Mensch dagegen ist groß und frei von »Selbst«. Je edler und großmütiger ein Mensch handelt, umso mehr nähert er sich seinem göttlichen Selbst. Wer das Gute nur um des Guten willen und nicht aus Eigennutz tut der handelt nicht selbst, sondern das Gute (Gott) wirkt durch ihn. Da ist dann keine Selbstheit in seinem Handeln und folglich auch kein Karma. Deshalb lehrt uns auch das Christentum, dass wir alle guten Werke nicht in unserem eigenen Namen, sondern im Namen, d. h. in der Kraft Gottes vollbringen sollen. Thomas von Kempis sagt:

»Wer die wahre und vollkommene Liebe hat, der sucht in keiner Sache sich selbst, sondern begehret allein, dass Gottes Ehre in allem befördert werde. Du musst alles für alles geben, und nichts mehr dir selbst sein. — Wisse, dass die Eigenliebe dir mehr schadet als irgend etwas in der Welt« usw. In der Bibel aber heißt es, dass die Kleinsten auf Erden (d. h. diejenigen, deren Selbstwahn am geringsten ist) die größten im Himmel (in der Erkenntnis des Guten und der daraus entspringenden Seligkeit) sein werden.«

Ein Verständnis der Lehre vom Karma und von der Wiederverkörperung gibt uns von selbst den Schlüssel an die Hand zu unserer Erlösung. Es ist keine Macht im Himmel oder auf Erden, die uns zu der Erniedrigung, die dieses irdische Dasein in sich schließt, zwingt; wir selbst zimmern un-

---

*) Ibid. XVIII, 54.

sere Kerker und schmieden die Ketten, die uns an dieses Leben fesseln, indem wir die Wahrheit nicht erkennen wollen und uns durch die Täuschungen, die uns der Wahn der Selbstheit vorspiegelt, blenden lassen. Auch ist kein äußerlicher Erlöser da, der uns von dem Wahne, den wir lieben und den wir nicht aufgeben wollen, befreit; wohl aber wohnt der Erlöser in uns selbst und erlöst uns durch seine in uns selbst wirkende Kraft; sein Name ist der heilige Geist der Gotteserkenntnis mit anderen Worten die göttliche Weisheit und Liebe, die allen Irrtum besiegt. Wenn wir diesen gefunden haben, dann sind wir frei; dann können wir jubelnd mit Buddha dem Erleuchteten ausrufen:

»Lang irrte ich umher und manches Hans
Hielt mich gefangen. Lange suchte ich
Nach ihm, der solche Kerker für uns baut.
In vielerlei Geburten kämpfte ich
Ums Licht der Wahrheit, suchte stets vergebens
Die Quelle jener Übel zu entdecken,
Aus der die Last des Daseins stammt.

Doch jetzt
Erkenn' ich dich! Nicht länger sollst du mir
Das Haus des Leidens zimmern. Ja! zerronnen
Ist nun die Täuschung und zerbrochen sind
Des Irrtums Ketten; selbst der Dachstuhl liegt
Zerschmettert da; es war der eitle Wahn
Der Eigenheit.

Ich aber bin erlöst
Und geh' zur Ruhe, zur Vollendung ein.«

XI. DIE MYSTISCHEN KRÄFTE

»Christus in uns ist das Geheimnis der Erlösung.«
Koloss. I, 27.

Die buddhistische sowohl als die christliche Religion lehrt uns, dass die Kraft, durch die wir zur Selbsterkenntnis und Erlösung kommen können, in uns selbst wirksam ist. Dasselbe ist bei allem Wachstum in der Natur der Fall. Das Leben eines Baumes wirkt von innen nach außen. Allerdings wirken die überall existierenden Naturkräfte auf das Wachstum des Baumes ein; aber die von außen hinzuströmenden Kräfte wirken erst dann wenn sie von dem Organismus des Baumes aufgenommen werden und zu seinem Leben werden. Das Leben existiert überall, aber das Leben eines Baumes ist in ihm selbst, und nicht außerhalb. Da ist niemand, durch dessen besondere Gunst der Baum groß und kräftig wird, wenn er nicht selber die Nahrung in sich aufnimmt, die ihm von außen geboten wird.

So ist es auch mit dem Wachstum der Seele des Menschen. Da ist niemand, durch dessen besondere Gunst eine unbrauchbare Seele brauchbar befunden wird. Allerdings ist der Geist GOTTES allüberall gegenwärtig im Universum; aber er kann erst dann zum Leben der Seele werden, wenn ihn die Seele in sich selbst aufnimmt, und er in ihr in Wirksamkeit tritt; denn auch die Seele, wie der Baum, wächst durch Entfaltung ihrer Kräfte von innen nach außen, und nicht so wie ein Haas, durch Hinzufügung von äußerlichen Teilen. In uns selbst muss Christus geboren werden, wenn er unser Erlöser sein soll. Davon wollen aber diejenigen nichts wissen, die nur an einen äußerlichen Erlöser glauben und den wahren

Christus nicht kennen. Deshalb betrachten die kurzsichtigen Frommen, die sich stets nach einer äußerlichen Hilfe sehnen, anstatt auf die in ihnen selbst wohnende Gotteskraft zu vertrauen, alle mystischen Schriften, die sie ja nicht verstehen, als Teufelswerk. Sie gehören zu jenen, von denen der Apostel Paulus sagt: »Wisset ihr nicht, dass ihr Tempel Gottes seid, und dass der Geist Gottes in euch wohnet?« und »Erkennet ihr euch selbst nicht, dass Jesus Christus in euch ist? Es sei denn, dass ihr untüchtig (gottlos) seid *)?«

Unsere Aufgabe ist es nun, die in uns selbst wirkenden mystischen Kräfte kennen zu lernen; denn obgleich die den Menschen erlösende Kraft nur eine einzige ist, nämlich die Kraft der Selbsterkenntnis, so stellt sie sich doch in ihren Wirkungen verschiedenartig dar, je nach den Empfindungen, die sie in uns hervorruft. So sind z. B. Glaube, Liebe, Erkenntnis, im Grunde genommen, eins und dasselbe, aber dennoch verbinden wir mit diesen Bezeichnungen verschiedenartige Begriffe, weil wir nicht die Urkraft selbst, sondern nur ihre Wirkungen kennen. Sie ist der »heilige Geist«, aus der der »Sohn Gottes« in uns geboren wird. Der Geist ist nur ein einziger, aber er wirkt in den drei Eigenschaften der Natur, und seine Produkte sind deshalb dreierlei, je nachdem sie aus Unwissenheit (Tamas), aus der Begierde (Radschas), oder aus der Wahrheit (Sattwa) entspringen. Deshalb gibt es eine törichte, eine begehrliche und eine erkennende Liebe, einen törichten, einen aus Begierde nach Besitz entspringenden und einen wahren, aus der Erkenntnis stammenden Glauben usw., und nur die Kräfte, die aus »Der Wahrheit« entspringen, öffnen uns die Pforte zur Wahrheit selbst. Die aus der Wahrheit entspringenden Kräfte werden aber nur von denen erkannt, die Wahrheitsgefühl besitzen, und des halb wird auch ein Verständnis des folgenden nur denen zugänglich sein, die fähig sind, in sich selbst das Wahre, Gute und Edle zu empfinden und es von dem, was aus niedrigen Ursachen

---

*) II. Korinther III, 5.

entspringt, zu unterscheiden. Jeder Mensch ist ein Zentrum von Kräften, vergleichbar mit einer elektrischen Batterie, die in einem fort Kräfte gebiert. Körper, Seele und Geist gebären diese Kräfte, deren äußere Offenbarung durch die Handlung das Karma des Menschen bildet. Jede dieser Kräfte wirkt auf dem ihr gehörigen Daseinsplane, und die dort angesammelte Kraft wirkt wieder auf den Menschen zurück. Deshalb ist es von höchster Wichtigkeit, dass wir unsere eigenen Kräfte kennen und die höheren von den niederen unterscheiden lernen, damit wir die höchsten Kräfte in uns aufnehmen und sie zur Erreichung des Höchsten verwenden können.

Es ist eine Eigentümlichkeit der Menschen, dass sie stets nach guten Dingen verlangen, und dabei das Gute, das sie bereits besitzen nicht erkennen und es nicht beachten. Jeder Mensch ist bereits in seinem Innersten GOTT und braucht es nicht erst zu werden. Solange in ihm ein Funke göttlicher Kraft ist, solange gehört dieser Funke seinem göttlichen Wesen an, und dieses Wesen ist der Grund seines Daseins, er selbst. Aus diesem Funken im Innersten strömt die göttliche Kraft. Sie kann nur dadurch erkannt werden, dass man sie empfindet. Diese Kraft ist die Liebe, und da diese Liebe göttlich ist, so ist sie auch auf keinen einzelnen Gegenstand beschränkt, sondern grenzenlos; sie umfasst und durchdringt alles. Aus diesem Grunde kann auch nur der über den Selbstwahn und die Eigenliebe erhabene Mensch diese göttliche Kraft erkennen; für den, der nicht in sie eingeweiht ist, bleibt sie ein ewiges Geheimnis.

Das, was diese Liebe liebt, ist das absolut Gute in allen Dingen. Da alle Dinge aus GOTT, dem absoluten Guten, entspringen, so ist dieses Gute auch in allen Dingen in ihrem innersten Wesen enthalten, und wer die göttliche Liebe hat, der sieht Gottes Geist in allen Dingen; er sieht sich überall vom absolut Guten umgeben und hat keine Ursache, unzufrieden oder traurig zu sein. Er ist nie allein, denn GOTT ist stets mit ihm, ja er ist selbst überall, wenn er sich in GOTT erkennt. Dadurch, dass er GOTT in allen Dingen sieht, ändert sich nun seine ganze frühere Lebensanschauung. Er sieht in den Formen, von denen er umgeben ist, nicht mehr für sich bestehende, wesentliche Dinge, sondern erkennt sie als Erscheinungen und Gefäße, in denen der göttliche Geist nach Offenbarung strebt, und der in ihm selbst zum Bewusstsein gekommene Mensch ergießt sich in diese Formen. Deshalb ist ein wirklicher Theosoph, d. h. ein zum Gottesbewusstsein gelangter Mensch, wie ein Licht, das in die Ferne leuchtet. Die ihm entströmende Kraft des Guten wirkt auf seine ganze Umgebung ein. Und darauf bildet er sich nichts ein und bemerkt es am Ende gar nicht, weil diese Liebe nicht aus seinem persönlichen Bewusstsein, sondern aus seiner Gotteserkenntnis, d. h. aus der in ihm offenbar gewordenen göttlichen Liebe kommt. Seine »Linke«, d. h. seine irdische Natur, weiß nicht, was seine »Rechte«, seine Gottesnatur tut *).

Aus Eigendünkel kann kein Mensch gut, gerecht, weise oder liebevoll sein, denn alles, was im Menschen Gutes ist, kommt aus der Seele, aus Gott. Die Bibel sagt: »Lasset uns wandeln im Lichte des Herrn.« Aber das ist selbst im Munde des gewandtesten Predigers nur eine nichts sagende, leere Phrase für denjenigen, in dem dieses Licht nicht leuchtet, und der den »Herrn« nicht kennt. So ist es mit allen geistigen Kräften; sie werden, trotz aller »Erklärungen«, ewig Geheimnisse bleiben für jeden, der sie nicht empfindet und sie nicht geistig erkennt. Wer keinen Glauben hat, kann nicht wissen was Glaube ist, und wer nicht selbstlos handeln kann, der kann auch die Selbstlosigkeit nicht begreifen. Ohne GOTT ist alles Wissen in Bezug auf göttliche Dinge ein Nichts; die wahre Erkenntnis hat nur der im Geiste wiedergeborene Mensch.

Die geistige Wiedergeburt, nicht zu verwechseln mit der Wiederverkörperung, ist das Erwachen des Gottesbewusstseins im Menschen. Kerning sagt: »Mit dem ersten Funken eines inneren Gedankens, der unser ganzes Ich durchdringt

---

*) Matthäus VI, 3.

144

und uns die Wahrheit wenn auch nur von ferne empfinden und fühlen lässt, ist auch die Zeugung der Wiedergeburt geschehen, das Samenkorn für den Himmel gelegt.« Sie ist der Eintritt in eine höhere Daseinsstufe, von der der am Irdischen klebende Mensch nichts weiß. Sie ist der Eintritt in die Freiheit, das Hinauswachsen über das vergängliche Selbst.

Die geistige Freiheit aber entspringt aus der Reinheit der Seele, d. h. aus der Freiheit von allem Selbstwahne, Aberglauben, falschen Vorstellungen, verkehrtem Empfinden und Wollen nebst den daraus entspringenden Begierden. Es ist die Freiheit von allem, was den drei Grundeigenschaften der Natur, dem Selbsthand ein, sei es aus »Selbstwissen«, »Selbstbegehren« oder der Unwissenheit, entspringt. Nur die reine Erkenntnis der Wahrheit, die aus der selbstlosen Liebe hervorgeht, ohne irgendein dahinter stehendes »Ich«, macht frei. Nicht wo der Geist des Menschen (das »Ich«) ist, sondern wo der Geist Gottes ist, da ist die Freiheit*).

Wollen und Denken können nicht frei sein, solange sie noch an das täuschende »Ich« gebunden sind; nur in dem, was der in uns zum Bewusstsein gekommene göttliche Geist will und denkt, sind wir frei. Wer das begreift, der sieht ein, dass der Mensch, nach seinem wahren geistigen Wesen, nicht ein in Zeit und Raum beschränktes Geschöpf, sondern selbstlos, allgegenwärtig, unendlich ist. Diese göttliche Größe kann aber nicht der beschränkte irdische Menschenverstand, sondern nur der göttliche Geist im Menschen, der sich selber erkennt, erfassen, und deshalb bleibt in solchen Dingen alle wissenschaftliche Forschung und philosophische Spekulation weit hinter der Gotteserkenntnis zurück, die nicht ein Resultat des eigenen Grübeln, sondern des Offenbarwerdens des Lichtes Gottes im Menschen ist.

Kein Mensch ist vollkommen rein, solange er nicht frei von der Selbstheit ist. Auch kann sich der Mensch nicht durch Ignorieren seiner Selbstheit von derselben befreien, sondern

---

*) II. Korinther III, 17.

145

er muss sie durch die Kraft der höheren Erkenntnis überwinden. Hat er sie überwunden, so ist er auch kein »Mensch« mehr, im gewöhnlichen Sinne dieses Wortes, sondern ein Gott in Gott, ein »Mahatma«, d. h. eine große Seele (von maha = groß und atma = Seele), und mit dem völligen Aufgeben der Selbstheit tritt er ins Nirwana, die Selbstlosigkeit im Gottesbewusstsein, ein. Man braucht nicht zu sterben, um in diesen höchsten Zustand einzugehen; es gibt Menschen, die, wie Buddha, schon während dieses Lebens auf Erden ins Nirwana eingegangen sind. Sie sind dann Bewohner der himmlischen Welt, wenn auch ihre körperliche Erscheinung auf Erden wandelt. Ihr Schicksal ist, wie die Geschichte zeigt, verkannt, missverstanden und verfolgt zu werden; denn nur der dem göttlichen Wesen ebenbürtige Geist kann diesen Geist in anderen Menschen erkennen. Es erfüllt sich auch hier, was die Bhagavad Gita lehrt: »Toren (d. h. die, die zwischen dem Ewigen und dem Vergänglichen nicht unterscheiden können) verachten Mich, wenn ich in meiner Menschengestalt erscheine. Sie erkennen nicht mein höchstes Wesen, der Ich der Herr des Weltalls bin*).« »Die Weisen sehen ihn, den in ihnen selbst Weilenden, aber die Toren sehen ihn nicht, wenn sie auch ihn zu sehen sich eifrig bemühen**).«

Die Reinheit und Freiheit kann durch nichts anderes als durch die Kraft der Liebe zum absolut Guten erlangt werden; denn wer das Gute nicht liebt, der strebt nicht danach, und es kann in ihm nicht zur Offenbarung gelangen. Das absolut Gute aber ist die göttliche Liebe selbst; diese Liebe ist ihr eigener Gegenstand und bedarf keines anderen. Da sie göttlich ist, so ist sie auch unendlich und schließt alles in sich ein. Nicht das geringste Geschöpf entgeht ihr; sie sieht sich selber in jedem Ding und verachtet keine der Formen, die sie bewohnt. Deshalb ist auch der selbsterkennende Mensch fern davon, ein »Misanthrop« oder »Pessimist« oder eingebildeter »Welt-

---

*) Kap. IX, V. 11.
**) Kap. XV, V. 11

146

verächter« zu sein, sondern die Schönheit der Offenbarung Gottes in der Natur tritt für ihn umso deutlicher hervor, je mehr er Gott in jedem Dinge erkennt. Die göttliche Liebe ist nur eine andere Bezeichnung für die Gotteserkenntnis, Theosophie oder Erkenntnis des göttlichen Selbst; denn man kann das nicht in Wahrheit liehen, was man nicht erkennt, und man kann das nicht in Wahrheit erkennen, was man nicht liebt. Ein altes Sprichwort sagt: »Wer Christus (die Gottheit in der Menschheit) nicht liebt, der hasst ihn.« Wer nur den kirchlichen Christus liebt, der liebt nur dessen äußerliches Symbol. Er will vom wahren Christus nichts wissen und kann ihn deshalb auch nicht in sich selber erkennen. Die größten Feinde des wahren Christentums sind die fanatischen Anhänger des falschen. Auch innerhalb der Kirchen hat der Engel der Erkenntnis mit den Dämonen der Finsternis zu kämpfen. »Die Mücke, die durch das blendende Licht der Nachtlampe angezogen wird, geht im klebrigen Öle zugrunde. Die unbedachte Seele, die mit den spottenden Dämonen der Täuschung nicht ringt (sondern sich von einem bequemen äußerlichen Kirchenglauben irreführen lässt), muss zur Erde zurückkehren, eine Sklavin ihrer Begierde*)«. Je mehr die Kraft der Liebe wächst und sich ausbreitet, umso größer wird die wahre Erkenntnis, und je größer die Erkenntnis wird, umso mehr wächst die Liebe. Das eine bedingt das andere, denn im Grunde sind beide eins; aber die Liebe zu einem äußerlichen Dinge, und wäre es auch ein »historischer« Christus, beruht auf keiner wahren Erkenntnis, sondern nur auf der eigenen Vorstellung und Phantasie. Solche Symbole sind zweckmäßig für die, die noch nicht reif geworden sind zur wahren Erkenntnis. Wo aber die Wahrheit selbst offenbar wird, da verschwindet alle Illusion, ja sogar das Symbol.

Jedes Wesen bedarf einer bestimmten Nahrung je nach seiner Beschaffenheit. Milch ist für Säuglinge, und starke Kost für Männer. Deshalb sollte man auch den kirchlichen

---

*) H. P. Blavatsky: »Die Stimme der Stille«.

Glauben nicht verwerfen er ist noch für die meisten eine Notwendigkeit. Man sollte aber danach trachten, nicht in ihm stecken zu bleiben, sondern über ihn hinaus zu wachsen, indem man noch tiefer als nur bis zur äußeren Schale in die Geheimnisse der Religion eindringt durch die Kraft der wahren Erkenntnis.

Die geistige Erkenntnis wird bedingt durch die Kraft des Glaubens; denn der Glaube selbst ist der Keim der Erkenntnis; seine Quelle ist die Weisheit und er hat nichts gemein mit dem Meinen, Dünken und Wähnen, das der Phantasie entspringt. Daran gerade ist die Verkommenheit eines Zeitalters zu erkennen, dass die richtigen Begriffe der Bezeichnungen, welche geistige Kräfte bedeuten, verloren gehen und man das Begehren für Liebe, Wähnen für Glauben hält; weil man die wahre Liebe, den wahren Glauben, die wahre Erkenntnis nicht kennt. Was der Unverstand meint und für wahr hält, bedarf der Beweise; was durch die Kraft des Glaubens erkannt wird, versteht sich von selbst. Es gibt deshalb auch nichts Geschmackloseres als eine trockene spekulative Philosophie, die sich die überflüssige Mühe macht, das erst auf Umwegen beweisen zu wollen, was man ohnehin schon direkt durch den Glauben erkennt, und die mit allen ihren Beweisen niemandem einen Glauben verschaffen kann, wenn er ihn nicht schon hat. Der wahre Glaube bedarf deshalb keiner Beweise, weil er aus der Empfindung der Wahrheit entspringt und von selbst zur Erkenntnis der Wahrheit führt. Der bloße Verstandesmensch aber kann keinen Glauben haben und auch dessen Begriff nicht erfassen, weil der Verstand nicht der Sitz des Empfindens ist. Aus diesem Grunde wird auch die Welt vergebens auf Erlösung durch eine lieblose Wissenschaft hoffen. Das Wissen ohne Empfindung ist leblos und hohl; es fehlt ihr die Liebe, die von allen Dingen das Leben, die Seele, ist.

Friedrich Rückert sagt:

>»Was ungelesen ich zu lassen mir erlaube?
>Ein Büchlein, das mir will beweisen, was ich glaube.
>Wie sollt' ich, was ich glaub', mir erst beweisen lassen?

Derweilen kann ich mich mit nützlicherem befassen.
Ich denk', ein solches Buch ist nicht für mich geschrieben,
Es ist für andre, die bis jetzt ungläubig blieben.
Allein auch diese wird es nicht zum Glauben treiben;
Drum ohne Schaden konnt' es ungeschrieben bleiben.«

Die Liebe ist blind ohne den Verstand, und der Verstand empfindungslos und tot ohne Liebe; deshalb bedarf das eine des anderen. Die göttliche Liebe aber kann nicht durch den an irdischen Täuschungen hängenden und für geistige Wahrheit blinden Menschenverstand erleuchtet werden; deshalb bedarf die Liebe der göttlichen Weisheit (A t m a B u d d h i) zu ihrer Erleuchtung ebenso gut, als der Verstand zu seinem Wachstum der göttlichen Liebe. Die Weisheit aber ist das Licht der göttlichen Selbsterkenntnis, unabhängig von aller philosophischen oder metaphysischen Spekulation. Sie ist das Licht, das ewig in die Dunkelheit scheint, und das die Dunkelheit (der erleuchtete Verstand) nicht begreifen kann. Sie ist die geistige Kraft, das geistige Leben des Menschen, das als »Glaube« empfunden und am Ende als Weisheit erkannt wird. Philosophische Abhandlungen können deshalb nur dazu dienen, Irrtümer zu zerstreuen, welche der Erkenntnis der Wahrheit hinderlich sind. Die innerliche Erleuchtung ist kein Menschenwerk, sie kann nicht gemacht werden; sie kommt von selbst aus der Kraft Gottes im Menschen, sobald deren Licht das Dunkel zerstreut.

Der Glaube ist im Grunde genommen nichts anderes als das höhere Bewusstsein im Gegensatze zum täuschenden Selbstbewusstsein, das aus der Sinnestätigkeit und Phantasie entspringt. Er ist deshalb das höhere geistige Leben selbst; denn ohne Bewusstsein gibt es keine bewusste Lebenstätigkeit. Die Seele des Glaubens ist die göttliche Liebe, und die Liebe ist eine Form des Willens und die Ursache alles Daseins. Der »Wille« im metaphysischen Sinne, ist alles. Durch die Bewegung des Willens im Reiche des Geistes wurde und werden auch noch fortwährend alle Dinge ins Dasein und zur Offenbarung gebracht. Er ist die allen Dingen innewohnende

Lebenskraft, sei dieselbe nun diesen Dingen bewusst oder dem so genannten »Unbewussten« entspringend *).

Jakob Böhme, der große deutsche Mystiker, von dem unsere angesehensten Philosophen ihre Weisheit schöpften, sagt:»Gott ist der Wille der ewigen Weisheit und hat alle Dinge in seiner Weisheit erschaffen **).« Damit ist aber auch gesagt, dass alles aus sich selber entstanden ist; denn Gott ist alles in allem und das (wahre) Selbst eines jeden Dinges; nicht das abgesonderte Selbst, das der Einzelerscheinung zugrunde liegt, sondern das absolute Selbst von allem.

Alles das finden wir nirgends klarer und deutlicher gesagt als in Rückerts Lehrgedichten:

»Zum Unbedingten, das nicht hier ist bei den Dingen,
Ringt, o bedingter Geist, dein unbedingtes Ringen
Im Unbedingten, das, indem es sich bedingt,
Die Dinge und hervor dich selbst, Bedingter, bringt.
Das Unbedingte hat sieh selbst hervorgebracht,
Bedingter Geist, in dir, indem du's hast gedacht.«

In diesen wenigen Worten ist mehr gesagt, als in vielen Folianten voll moderner, philosophischer und theologischer Abhandlungen zu finden ist. Wir werden es richtig verstehen, wenn wir dahin gelangen, uns selbst als das Unbedingte, das Absolute, zu erkennen.

GOTT ist alles in allem und folglich auch das Absolute, die ewige Ruhe. Diesen Satz kann jeder, selbst der bigotteste Konsistorialrat, getrost unterschreiben. Er ist die absolute Wahrheit, in der keine Lüge, Täuschung oder Vorstellung, und folglich auch keine Unruhe herrscht. Wer sich davon überzeugen will, der braucht sich nur in sein eigenes innerliches Selbstbewusstsein zu versenken, wo alles Spiel der Phantasie und jede Begierde aufhört, und er wird darin keine

---

*) Da die ganze Natur eine Offenbarung des Allbewusstseins ist, so kann es auch in ihr nichts absolut Unbewusstes geben; wenn auch die »Gefälle«, in denen dieses Bewusstsein wirkt, die in ihnen wirkende Kraft nicht erkennen.

**) Mysterium magnum, I.

150

Unruhe finden. Die göttliche Ruhe aber, von der hier die Rede ist, ist nicht die Ruhe des Grabes, die der Unwissenheit und Bewusstlosigkeit entspringt, sondern die Ruhe, die der über allen Irrtum erhabenen Erkenntnis zu eigen ist, und nicht durch Ignorieren der Täuschungen des Lebens, sondern nur durch deren Überwindung erreicht werden kann. Wer diese Ruhe in sich selber findet, der findet GOTT und sich selber in ihm.

Der einzelne Mensch ist ein Bild GOTTES und der Natur im Kleinen. Dieselben Kräfte, die im Großen enthalten sind, wirken in ihm. Alles, was der Mensch weiß, ist in ihm selber enthalten, aber er ist nicht fähig, alles auf einmal zu denken, noch alles was er zu tun fähig ist, auf einmal zu tun. Auch richtet sich sein Können nach der Beschaffenheit seiner Mittel; er könnte fliegen, wenn sein Körper zum Fliegen geeignet wäre. So ist auch nicht das ganze Wesen der Gottheit in der Natur ausgedrückt. Die Natur ist nicht GOTT und deshalb nicht vollkommen; ihre Eigenschaften sind natürliche und nicht geistige, sie ist der Leib der Gottheit, so wie die Natur des Menschen sein Leib ist. Wäre die ganze Natur des Menschen vom göttlichen Geiste der Selbsterkenntnis durchdrungen, so wäre der Mensch ein Gott. Wäre die ganze Welt vollkommen, so wäre die Erde der Himmel. Während aber die Natur in ihrer Entwicklung auf den langsamen Weg der Evolution angewiesen ist, weil sie die in ihr wirkenden Kräfte nicht kennt, ist der Mensch fähig, selbst der Herr über seine Entwicklung zu werden, indem er die in ihm selbst enthaltenen mystischen Kräfte kennen und sie nützlich zu verwenden lernt.

Die Kraft, die alles vollbringen kann, ist der Wille. Je mehr der Wille vom Selbstbewusstsein durchdrungen ist, um so mehr wird er zur lebendigen Kraft, und umso mehr wird er wirksam. Das den Willen belebende Bewusstsein kann aber als Grundlage die Gotteserkenntnis oder auch den Egoismus haben; in ihm kann entweder das Streben nach Selbstaufopferung für das Gute, oder die Selbstsucht herrschen. Demnach sind im Wollen zwei Richtungen zu unterscheiden, wovon die eine nach dem göttlichen, die andere nach dem teuflischen strebt. Die eine Form des Willens ist die selbstlose Liebe in

Übereinstimmung mit der Weltharmonie; die andere ist die Eigenliebe, die dem Eigendünkel entspringt und in Habsucht, Größenwahn und Hass endigt. Die eine Form des Willens wirkt mit Selbstaufopferung dem göttlichen Gesetze der göttlichen Liebe gemäß; die andere sucht die göttlichen Kräfte dem materiellen Prinzip dienstbar zu machen. Die eine führt am Ende zur weißen, die andere zur schwarzen Magie; die eine zum ewigen Leben, die andere zum ewigen Tod. Deshalb ist es auch ein weises Naturgesetz, dass die mystischen Kräfte im Menschen für diejenigen ein verborgenes Geheimnis bleiben sollen, die noch nicht zur Erkenntnis der wahren Gottesnatur gelangt und zum Bösen geneigt sind. Der Unverstand der herzlosen und geistlosen modernen Gelehrten ist ihr bester Schutz; ihr Beharren im Irrtum bewahrt sie davor, in den Besitz von Kräften zu kommen, deren verkehrte Anwendung sie ins Verderben stürzen würde. Nur jene Wissenschaft ist gut, der die Erkenntnis des absolut Guten zugrunde liegt *).

---

*) Der Anfang zur schwarzen Magie und zur Herrschaft des Teufels auf Erden ist der „Hypnotismus"; denn wenn sich durch ihn auch mancherlei temporäre Übel beseitigen lassen, so hat er doch das viel größere Übel zur Folge, dass er den Menschen der Herrschaft über seinen eigenen Willen beraubt und ihn unter den Einfluss eines fremden Willens bringt. Damit wirkt er aber geradezu dem Gesetze entgegen, welches bestimmt, dass der Mensch Herr über sich selbst werden soll, und dass das Böse nicht ignoriert, sondern überwunden werden soll. Je öfter ein Mensch von einer, wenn auch wohlmeinenden Person hypnotisiert wird, um so mehr wird seine Widerstandskraft gegen fremde psychische Einflüsse geschwächt; er wird schließlich zum willenlosen „Medium", und das Ende davon ist der Verlust des Höchsten, was ein Mensch besitzt nämlich seiner geistigen Individualität. Ähnlich ist es mit dem so genannten „Selbsthypnotisieren", wobei man sich unter die Herrschaft einer selbsterzeugten falschen Vorstellung bringt, die vom Menschen Besitz nimmt und ihn dann auch anderen falschen Vorstellungen zugänglich macht. Es gibt kein anderes Mittel gegen die Leiden des Lebens, als die wahre Erkenntnis. Wer diese erlangt, ist sein eigener Herr und beherrscht damit auch seine Natur. Wenn die Wissenschaft einmal zu der Einsicht gekommen sein wird, dass Gedanke und Wille ein Geist ist, der auch in die Ferne wirkt, und dass der böse Gedanke eines Menschen in einem entfernten Weltteile die Tat eines anderen Menschen in seinem Weltteile beeinflussen kann,

Der Ursprung des Bösen liegt in der Trennung vom Guten, und die Ursache dieser Trennung ist die Täuschung des eigenen »Selbsts«. Die Liebe aber ist die erlösende Kraft. Durch sie wird der Mensch aus dem engen Kreise seiner Beschränktheit gezogen, sein Denkkreis erweitert, und mit der Erweiterung seines Denkkreises erweitert sich auch der Kreis seines Daseins. In seinen Probejahren lernt er, nicht nur für sich selbst, sondern auch für seine Familie, zu sorgen, und je mehr sich sein Herz erweitert, um so mehr erweitert sich der Kreis derer, die er zu seiner Familie rechnet, bis er am Ende nicht nur seine Gemeinde oder Nation, sondern die ganze Welt in sich schließt. Verwirklicht sich diese Liebe durch die Tat, so entspringt aus ihr die Erkenntnis: der Wahn der Selbstheit schwindet und das Bewusstsein der Einheit des Wesens von allem erwacht. Dann erkennt der Mensch Gott, wenn er seine eigene göttliche Natur erkennt, und mit dieser Erkenntnis eröffnet sich ihm das Reich Gottes und alle göttlichen Kräfte. Deshalb ist die Liebe die höchste von allen mystischen Kräften, was auch der Apostel bestätigt, indem er sagt: »Wenn ich weissagen könnte und wüsste alle Geheimnisse und alle Erkenntnisse und hätte allen Glauben, also dass ich Berge versetzen könnte, und hätte die Liebe nicht, so wäre ich nichts *).«

Die Liebe ist die Ursache der Erlösung und auch der Grund des Verderbens. Aus Liebe zum Irdischen trat der Mensch aus seinem himmlischen Zustande und aus Liebe zum Schein trennte er sich von der Wahrheit. Durch die Liebe zur Wahrheit überwindet er die Täuschung des Scheins und gelangt wieder zum Wesen. Die Liebe zur Wahrheit aber erlangt er dadurch, dass er sich von der Täuschung abwendet, und

---

dann wird sie begreifen, weshalb die Selbsterkenntnis und Selbstbeherrschung das höchste Gut des Menschen sind, und dass die, die sie ihm rauben, sich selbst am meisten schaden; denn die Folgen jeder Handlung fallen am Ende auf ihren Urheber zurück, und für die Unkenntnis der Gesetze der Natur hat die Natur keine Entschuldigung.

*) I. Korinther XIII, 2.

damit er das tut, muss er die Täuschung als das, was sie ist, erkennen. Somit ist das Böse der Führer zum Guten und der Teufel wird das Mittel zur Erlösung, wenn man ihn in sich selbst überwindet.

Das ist der Kampf zwischen dem Guten und Bösen, der in den verschiedensten Religionen des Altertums sowohl als auch der neueren Zeit auf verschiedene Art allegorisch dargestellt ist. Er findet noch immer sowohl im Weltall als Ganzem, als auch in jeder Nation, jeder Kirche jeder Gemeinde und in jedem einzelnen Menschen statt. Auch in der äußeren Natur kämpft der Sonnenschein mit dem Dunkel, aber die Sonne selbst verdunkelt sich nicht und bleibt unberührt von den Schatten, die die Wolken auf die Erde werfen. So kämpft auch das göttliche Licht der Erkenntnis im Menschen mit dem Dunkel der Nichterkenntnis und dem Schatten der Leidenschaft, und der sterbliche Mensch bewegt sich, solange er kämpft, im nie endenden Kreislaufe des Gesetzes der Notwendigkeit; aber der göttliche erkennende Mensch ist durch die Kraft der Erkenntnis erhaben über alle Natur; die Leiden und Freuden des Daseins berühren die Hülle, die er bewohnt, aber nicht ihn selbst, denn er selbst wohnt im Bewusstsein der Ewigkeit und Unsterblichkeit eins mit dem wahren Selbst aller Wesen, eins mit GOTT. Er ist selbst das Licht, nach dem er suchte, und in diesem Lichte sind ihm die Ruhe, der Sieg und die Freiheit gewiss.

XII. HARMONIE

»Es kann in Ewigkeit kein Ton so lieblich sein,
Als wenn des Menschen Herz mit Gott stimmt überein.«

Die Lehre der Weisheit ist Harmonie. Die Übereinstimmung aller Teile bedingt die Einheit des Ganzen. Dadurch wird die Individualität des Einzelnen nicht aufgehoben, sondern vollkommen. Dadurch, dass ein einzelner Ton in einer Symphonie mit allen anderen Tönen darin im Einklange steht, wird seine Individualität nicht vernichtet. Er wird dann allerdings als ein einzelner Ton nicht mehr wahrgenommen, aber sein individuelles Dasein hängt nicht davon ab, dass er als ein einzelnes von anderen wahrgenommen wird, sondern wird um so größer, je mehr es sich über das Ganze ausbreitet, es in sich aufnimmt und sich mit ihm in Übereinstimmung bringt.

Der kleinlichste und beschränkteste Mensch ist der nur auf sein eigenes Wohl bedachte Egoist, wenn er sich auch in seinem Eigendünkel über alle anderen erhaben dünkt. Der Menschenfeind oder Sonderling, der glaubt, die ganze Welt verachten zu können, dabei aber nicht die Nichtigkeit seines eigenen Selbstwahnes erkennt, gleicht der Schnecke, die sich in ihr eigenes Haus verkriecht. Er kann die Welt nicht überwinden, solange er sich vor ihr verschließt. Niemand kann die Welt verlassen, solange er nicht seine eigene eingebildete Selbstheit, die ja ein Teil der Welt ist, verlässt und sein wahres Selbst findet. Um das wahre Ich zu finden, genügt es nicht, das eingebildete »Ich« zu ignorieren; denn sonst könnte man sich im Schlafe zum Adepten machen; sondern es handelt sich darum, über das täuschende Selbst hinauszuwachsen, größer als dieses »Selbst« zu werden, und das geschieht durch die Kraft der Liebe. Der Wille ist der Grund unseres Wesens; er ist die Substanz der Liebe. Je mehr sich unsere Liebe auf das große Ganze erstreckt, um so mehr tritt das Ganze in das Bereich unseres Wesens und Daseins ein, umso mehr nehmen wir an dem Karma des Ganzen teil.

Höher als der Menschenverächter und Asket steht der Liebende. Wer außer sich selbst auch noch sein Weib und seine Familie liebt, dessen Daseinssphäre hat einen viel größeren Umfang, als die des frommen Schwärmers, der sich einbildet, dass er durch Entbehrungen sich einen guten Sitz im Himmel erwerben möchte. Der Himmel, den er sich einbildet, existiert nur in seiner eigenen Phantasie; denn es gibt keinen Himmel ohne Liebe, und wo die Liebe auf das eigene »Selbst« beschränkt ist, da ist auch dieser Himmel sehr klein und gleicht eher einem Gefängnisse als einem Tempel. Das »Selbst« ist die Hölle, denn es herrscht darin die Begierde und Leidenschaft. Der Himmel ist die Liebe; denn in ihr ist die Seligkeit.

Höher als der Familienvater steht der Patriot. Seine Liebe erstreckt sich nicht nur auf seine eigene Familie, sondern über sein Vaterland; vorausgesetzt, dass sein Patriotismus echt ist und nicht seinen Ursprung in der Befriedigung seines Ehrgeizes, seiner Eitelkeit oder Gewinnsucht hat. Der Soldat, der nicht von Leidenschaft hingerissen, sondern zielbewusst für sein Vaterland kämpft und stirbt, steht höher als der, der sich nicht zu kämpfen getraut, weil er glaubt, dass er dadurch an seiner eigenen Seele Schaden nehmen könnte; denn die Seele des Patrioten ist groß genug, um die ganze Nation in ihrer Liebe, die ja ihr Wesen ist, zu umfassen; während die Seele des Furchtsamen nichts enthält, als das eigene kleinliche, furchtsame Selbst.

Größer noch als der Patriot ist der, dessen Liebe, ohne Unterschied der Nation, die ganze Menschheit umfasst. Diese Liebe ist aber nur dann nicht eine Schwärmerei, wenn sie sich nicht nur auf die menschlichen Geschöpfe, sondern auf die

Menschheit in den Menschen bezieht. Der Geist ist die Substanz und das Wesen: Formen sind nur Erscheinungen. Wer nur die Formen liebt, der liebt nichts Wesentliches; seine Liebe ist eine Täuschung. Wer das eine Wesen in allem erkennt und liebt, der liebt und erkennt auch das Wesen selbst. Wer es erkennt, der liebt es auch, und wer es lieben kann, ist auf dem Wege zu dessen Erkenntnis; denn Liebe und Erkenntnis bedingen sich gegenseitig; sie sind im Grunde genommen nur eines. Diese Liebe und Erkenntnis ist die göttliche Weisheit oder »Theosophie«.

Wird aber das Wesen aller Dinge einmal erkannt, so erkennen wir auch die Welt der Erscheinungen als den Ausdruck dieses Wesens, und es eröffnet sich vor uns das Geheimnis des Gesetzes der Harmonie, nach dem dieser Ausdruck des göttlichen Gedankens, der die Formenwelt erschafft, stattfindet, klar. Die Welt mit allem, was wir darin erblicken, ist eine Offenbarung des allem Dasein zugrunde liegenden Wesens; sie ist der äußere Ausdruck dieses Wesens, dessen Natur Gesetz ist und Harmonie und deshalb ist auch das ganze Weltall nach dem Gesetze der Harmonie aufgebaut. Jedes Ding hat seine ihm eigentümliche Wesenheit oder Individualität. Diese wird als sein »Name« bezeichnet; denn das Ding selbst ist der Ausdruck des ihm zugrunde liegenden Gedankens; folglich das Wort, das sein Wesen bedeutet. Die äußerlichen Namen, die die Menschen den verschiedenen Dingen beilegen, sind Bezeichnungen, denen eine durch Herkommen oder Übereinkommen bestimmte Bedeutung zugeschrieben wird; aber die wirklichen Namen der Dinge in ihrer eigenen Natursprache gehen aus deren eigenem Wesen hervor; weil sie die Symbole der in ihnen zum Ausdruck gelangten Gedanken sind. »Den wahren Namen eines Dinges aussprechen« heißt im okkulten Sinne, den Gedanken des dem Dasein des betreffenden Dinges zugrunde liegenden Wesens zum Ausdruck bringen, nicht durch leere Worte, sondern durch die diesem Gedanken innewohnende Kraft. Darin beruhen die Wunder der magischen Schöpfung. Den wahren

Namen aussprechen, ist, das betreffende Ding aus dem Nicht-offenbaren ins offenbare Dasein zu rufen. Deshalb kann auch niemand den wahren Namen GOTTES aussprechen; denn dies hieße Gott erzeugen. Die »Sprache Gottes« aber ist die ganze Natur, und sein Wort der Ursprung von allem.

Das »Wort« im okkulten Sinne aber ist der Schall, und in der Tat lehrt uns die indische Philosophie, dass die ganze Schöpfung aus »geistigen Schallschwingungen« (Akâsha) und deren Modifikationen bestehe. Aus der Kraft des schöpferischen Wortes »Es werde!« entsprang das »Feuer« (die Energie), aus dem Feuer das Licht, aus dem Lichte das »Wasser« (die Astralwelt), aus dem Wasser die »Erde«, das materielle Prinzip. So wurden auch die Kräfte zum Hören, Empfinden, Sehen, Schmecken und Riechen geboren*).

Jede dieser Kräfte aber besteht aus Schwingungen derjenigen Ursubstanz, die wir in Ermangelung eines anderen Wortes als den »Universalwillen in der Natur« bezeichnen können, und da die Art des Auftretens dieser Kräfte, ob sie nun auf dem geistigen, dem Astralplane oder dem physischen Plane sich äußern, von der Art und Zahl dieser Schwingungen abhängig ist, so hat auch jedes Ding in der Welt nicht nur seinen bestimmten Namen, sondern auch seine bestimmte Zahl. Auf dieser Übereinstimmung zwischen Name und Zahl beruht die Wissenschaft der Kabbala.

Aus Bewusstsein, Name und Zahl entspringt der Begriff, Vorstellung und Form. Deshalb hat auch jedes Ding, jede I-dee, jeder Gedanke eine seinem Wesen und Eigenschaften entsprechende Form, und wo keine störenden Einflüsse dazwischen treten, da befinden sich Name, Zahl und Form in völliger Übereinstimmung; das eine wird durch das andere bedingt. Die Grundlage des Ganzen ist Harmonie. Wäre der Mensch im Bewusstsein seines göttlichen Namens geblieben, so wären alle die Schwingungen, die seinen Geist, Seele und Körper erfüllen, harmonisch und beseligend, seine Gestalt

---

*) Siehe Sankaracharya, »Tattwa Bodha«.

wäre göttergleich; ja die ganze Natur wäre dann eine Fülle von Wohlklang, Licht und Freude; weil ja die ganze Natur der Ausdruck der Weltseele (des Universalmenschen) ist. Aller Missklang, Disharmonie, Traurigkeit, Leiden entspringen nur dem Umstande, dass der Mensch seines wahren Wesens unbewusst geworden ist, seinen wahren Namen vergessen und damit auch seine göttlichen Kräfte verloren hat; dass er, der durch den äußeren Schein der von ihm selbst geschaffenen Welt geblendet, in Irrtum und Sünde verfiel, sich für etwas anderes hält, als was er in Wirklichkeit ist. Hierdurch änderten sich sein Name und seine Zahl und Form. Aus der wirklichen Einheit wurde die scheinbare Vielheit; aus dem Allselbstbewussten entsprangen eine Menge von Vorstellungen, aus dem Formenlosen traten unzählige Formen hervor, und als in den Formen die Empfindung lebendig wurde, da vergaßen die Formen ihr wahres Wesen und aus der Vielheit der Formen und deren Sonderinteressen entsprang der Kampf ums Dasein und die Disharmonie, die so lange dauern wird, bis die Menschheit als Ganzes die Einheitlichkeit ihres Wesens in Wahrheit wieder erkennt.

So wie in der Eins alle Zahlen enthalten sind und aus ihr entspringen, ohne dass deshalb die Einheit kleiner oder größer wird, oder sich teilt oder verändert, so sind in dem einen Wesen von allem alle Dinge enthalten, und das alleinige Wesen ändert sich nicht und teilt sich nicht, wenn in ihm auch noch so viele Vorstellungen und Welten entstehen; aber die Offenbarung des alleinigen Wesens stellt sich uns in unzähligen Formen dar. Der Geist ist überall; außer ihm gibt es weder Raum noch Zeit; aber die Formen, in denen sich der Geist offenbart, sind auf Raum und Zeit beschränkt. Die Wirklichkeit selbst ist ewig, ohne Anfang und ohne Ende; aber der Schein entsteht und vergeht. Das Wesen ist die Eins und die Null ist das Nichts. Durch die Eins wird die Null zu etwas; es entsteht die Zehn, die Zahl der Vollkommenheit. Die Eins bedeutet das männliche, die Null das weibliche Prinzip in der Natur; Intelligenz und Wille. Aus der Verbindung der Eins mit der Null wird der Sohn, die Offenbarung, geboren. Die Eins ist das »Feuer«, die Kraft; die Null das Dunkel. Durch die Wirkung des Feuers entspringt aus dem Dunkel das Licht.

Die Wissenschaft der okkulten Bedeutung der Zahlen ist eine heilige und erhabene Wissenschaft, die wie alle geistigen Dinge nicht vom materiellen Standpunkte beurteilt und nicht äußerlich aufgefasst, sondern nur intuitiv, geistig erfasst werden kann. Sie ist insofern eine lebendige Wissenschaft im Vergleiche mit der gewöhnlichen Mathematik, als in ihr die Eins, die das Leben von allen Zahlen ist, nicht aus dem Auge gelassen wird. Die Eins ist das Bewusstsein, und aus ihr gehen lebendige Kräfte hervor, die auf den verschiedenen Daseinsplänen wirken und offenbar werden, in der Himmelswelt als göttergleiche Intelligenzen, auf dem Astralplane als deren Bewohner, auf dem physischen Plane als Menschen, Tiere, Pflanzen und Mineralien, mit den in ihnen tätigen Kräften. Es ist da viel von »Evolution« die Rede; aber diese Entwicklung bezieht sich nicht auf das Wesen, sondern nur auf dessen Erscheinungen; die Eins verändert sich nicht, und in Wirklichkeit ist alles GOTT, nur sind die Arten, in denen sich der Allgeist offenbart, voneinander verschieden.

So ist auch das Licht der Sonne eine Einheit, aber wenn es sich im Regentropfen spiegelt, so wird es in sieben Farben offenbar. Der Schall ist eine Einheit, aber je nach der Art seiner Schwingungen bringt er verschiedene Oktaven von je sieben Tönen hervor. Im Regenbogen werden die drei Grundfarben unter den sieben, in der Harmonie der Töne der Dreiklang in der Oktave unterschieden, und dasselbe Gesetz findet sich in der ganzen Natur, im Geistigen sowohl als im Materiellen; denn die Einheit wird zur Dreiheit, wenn sie offenbart wird; die Dreiheit in der Einheit eingeschlossen bildet die Vier oder das Quadrat; die Drei und die Vier zusammen aber die Sieben, und diese mit der höchsten Dreieinigkeit die Zehn. Somit ist die ganze untere Welt eine Stufenleiter von sieben Tönen oder Harmonien, und über ihr ist der höchste Dreiklang der göttlichen Welt.

Diese Himmelsleiter heißt in der Kabbala die zehn Sephiroth oder »Ausstrahlungen der Gottheit«, wovon die oberen Drei in Einem der Gottheit, die übrigen sieben der Natur angehören. Jedes dieser Sephiroth stellt eine Summe von Kräften und Eigenschaften dar, die zu erhaben sind, um in Worten beschrieben zu werden, wo die geistige Anschauung fehlt *). Sie umfassen die himmlischen Heerscharen, Engel, Dämonen und Kräfte; der Fuß dieser Himmelsleiter ruht in der Erde, ihre Spitze verliert sich im Namenlosen, Ewigen; sie stellt eine Oktave von Weltharmnonien dar, deren unterste aus groben Schwingungen bestehen, die die Materie darstellen; während die höheren Oktaven aus feineren Schwingungen bestehen, die nur der geistige Mensch empfinden, hören und sehen kann. Sie ist das Bild der Menschheit selbst, die von der obersten Stufe zur untersten heruntersteigt und sich dann wieder zur Vollkommenheit hinaufarbeitet; sie ist »der Baum der Erkenntnis des Guten und Bösen«, von dessen Früchten (Karma) der Mensch essen muss, um am Ende sein göttliches Dasein genießen zu können; sie besteht aus den zehn schöpferischen Kräften und Wesenheiten, deren Symbol das geoffenbarte Weltall ist.

Desgleichen stellt auch der individuelle Mensch eine solche Stufenleiter von sieben Tönen und Farben dar, eine siebenfache Welt, in der die obere göttliche Dreieinigkeit sich widerspiegelt. Seine obersten drei Prinzipien, A t m a —

---

*) Die Namen der zehn Sephiroth sind:

Geist.		
	1. Kether — Krone.	
	2. Chokmah — Weisheit.	Gottheit. △
	3. Binah — Verstand.	
	4. Chesed — Gnade.	

Seele.
5. Geburah — Macht
6. Tiphereth — Schönheit.
7. Netzaeh — Sieg.
8. Hod — Herrlichkeit.

Körper.
9. Josed — Grund.
10. Malkuth — Reich.

B u d d h i — M a n a s, entsprechen der göttlichen Dreiheit; seine unteren vier Prinzipien seiner materiellen Natur. Auch in ihm offenbart sich die Eins mit der Zwei als Dreiheit, die in der Eins als die Vier erscheint, und die Summe des Ganzen ist Zehn, die Zahl der Vollkommenheit, in der die heilige Siebenzahl verborgen ist. Damit ist gesagt, dass die Zweiheit von Wille und Vorstellung im Bewusstsein (der Einheit) als Dreiheit offenbar wird. Geht diese Drei in die Einheit (in Gott) ein, so ist sie in der Vierheit, dem Symbol der Wahrheit. Durch die Verbindung des unteren Quadrats mit dem oberen Dreieck, d. h. durch das Durchdringen des Irdischen durch das Göttliche entsteht die heilige Siebenzahl, die in der Zehn, der Zahl des Ganzen, verborgen ist. Die Zahl Sieben ist aber deshalb heilig, weil sie die Zahl der Vollendung ist. Die Dreiheit bleibt ewig in sich selbst; aus ihr entspringt die Sieben und aus jeder Sieben immer wieder Sieben; aus dem einen göttlichen Lichte der Weisheit sieben Lichter oder Intelligenzen, aus jeder von diesen Sieben siebenmal sieben Bewusstseinszustände oder Formen des Daseins *).

Aus dem göttlichen Namen entsprangen durch die geheimen Kräfte der Siebenzahl die sieben Welten, die sieben Söhne des Lichtes. So wie das Licht der Sonne in sieben Farben sich bricht, so offenbart sich die göttliche Sonne der Weisheit in sieben lichtstrahlenden Sphären, erfüllt mit Leben, Bewusstsein, Empfindung, Intelligenz, und aus diesen entspringen die Sonnen mit ihren Planeten, die zahllosen Sternenheere im Weltenraum, den wir uns weder als endlich, noch als unendlich vorstellen können, und worin jede Welt die Offenbarung eines schöpferischen Gottesgedankens ist.

Es ist nicht unsere Absicht, an dieser Stelle tiefer in das geheimnisvolle und grenzenlose Gebiet der in der okkulten Bedeutung der Zahlen versinnlichten mystischen Kräfte des Weltalls einzudringen; das bereits Erwähnte genügt, um anzudeuten, welcher Art die Gesetze der Harmonie sind, die das

---

*) Vgl. H. P. Blavatsky, »Die Geheimlehre«. Bd. I, 63.

Größte sowohl als das Kleinste beherrschen, und um uns den Weg zu zeigen, wie wir unsere eigene Natur mit dem großen Ganzen in Übereinstimmung bringen können.

Jedes der sieben Prinzipien in der Konstitution (les Menschen stellt eine bestimmte Stufe von Schwingungen (les einen Lebenselementes, das im Menschen verkörpert ist, dar. Diese Schwingungen entsprechen bestimmten Farben, die von jedem, dem- die hierzu nötige Gabe des Hellsehens besitzt, wahrgenommen werden können, und zwar wie folgt:

Der materielle Körper, das Haus, das der Mensch bewohnt, ist von verschiedenen Ausströmungen umgeben, wozu die Wärmestrahlen, elektrischen, magnetischen, irdischen usw. Strahlen gehören, und die Farben derselben wechseln, je nachdem darin das eine oder das andere Element (Tattwa) vorherrschend ist*).

1. Das Lebensprinzip. Orangefarbig.
2. Der ätherische Körper. Violett; je nach seiner Mischung mit Kama mehr oder weniger rot gefärbt.
3. Der Astralkörper. Kamarupa. Blutrot.
4. Kama Manas. Grün.
5. Buddhi Manas. Indigoblau.
6. Buddhi. Gelb.
7. Atma. Blau.

Diese, den Menschenkörper umgebenden farbigen Lichtsphären sind mit der Photosphäre der Sonne vergleichbar und reichen weit über den Umfang desselben hinaus. Je geistiger die Schwingungen sind, umso ausgedehnter ist der Lichtkreis, den sie verbreiten. Auch sind diese Sphären nicht scharf voneinander getrennt, sondern vermischen sich dort, wo sie sich gegenseitig berühren. Das Prinzip, das in dem betreffenden Menschen am meisten in Tätigkeit ist, macht sich durch seine hervorragende Aura am meisten bemerkbar so dass z. B. ein

---

*) Der materielle Körper des Menschen, sowie das materielle Prinzip der Erde sind hier nicht mitgezählt. Sie gehören nicht den sieben Prinzipien, sondern der sachten Sphären an.

sehr leidenschaftlicher oder zorniger Mensch hauptsächlich von einem roten ein von Weisheit durchdrungener Mensch von einem besonders starken gelben Lichtkreise umgeben ist.

Die Aura, von der ein Mensch umgeben ist, gehört zu seinem eigenen Wesen; sie ist sozusagen die Sphäre seines Daseins, deren Mittelpunkt der materielle Körper ist. Ohne sie wäre eine »Exteriorisierung der Empfindung«, wie sie bei sehr sensitiven Personen beobachtet wird, nicht denkbar. Wo zwei oder mehr Menschen zusammenkommen, da tritt der eine in die Aura des anderen ein; da lebt gleichsam einer im anderen, und aus der Harmonie oder Disharmonie dieser »irdischen Ausströmungen« erklären sich die gegenseitigen Sympathien und Antipathien.

Diese Farben und Schwingungen entsprechen vollständig denen der mit diesen Prinzipien oder Bewusstseinszuständen korrespondierenden Daseinspläne mm Weltall, die wir, um den Gebrauch von Sanskritwörtern zu vermeiden, mit den Namen der sie symbolisierenden sieben Planeten bezeichnen wollen.

1. ☉ S o n n e. — D a s L e b e n s p r i n z i p, dessen Gottheit und Mittelpunkt in unserem Sonnensystem die Sonne ist. Orange.

2. ☽ M o n d. — D a s m a t e r i e l l e (ä t h e r i s c h e) P r i n z i p, das Astrallicht. Violett.

3. ♂ M a r s. — D e r A s t r a l p l a n, Region der Begierden und Leidenschaften, Wohnplatz der Elementarwesen. Rot.

4. ♄ S a t u r n. — D e r n i e d e r e g e i s t i g e P l a n, der irdische Teil der Weltseele, das Reich der veränderlichen Gedanken. Grün.

5. ♀ V e n u s. — D a s R e i c h d e r L i e b e, der höhere (himmlische) Teil der Weltseele, die Wohnung der Götter.

6. ☿ M e r k u r. — D a s R e i c h d e r E r k e n n t n i s.

I. ♃ J u p i t e r. — D a s R e i c h d e r S e l i g k e i t, die Gotteswelt, Herrlichkeit und Vollkommenheit.

Hierzu kann noch gerechnet werden die »Schale« oder die »Materie«, die den Körper der Dinge, der Planeten sowohl als deren Bewohner, bildet, und die gar kein Prinzip, sondern nur ein Produkt der Wirkung der obigen Prinzipien, die an sich selbst leblose Materie, die a c h t e S p h ä r e ist, deren Mittelpunkt und Symbol unsere Erde darstellt, die auch zugleich die »Hölle« ist, wie es durch ihr Zeichen ♁, das umgekehrte Zeichen der Liebe (♀) für den Mystiker verständlich genug dargestellt ist. Ihre Aura ist an sich grau, wird aber durch die darin tätigen Prinzipien verändert. Das in unserem Erdballe auf dem jetzigen Zeitpunkte der Evolution am meisten hervortretende Prinzip ist ♄ Saturn (Kama Manas). Demgemäß entspricht auch grün der Farbe der Vegetation auf unserer Welt *).

Ein rein theoretisches Wissen dieser Dinge hat keinen praktischen Wert. Ganz anders aber verhält sich die Sache, wenn die okkulte Wissenschaft zu unserem geistigen Wachstum in Anwendung gebracht wird. Sie zeigt uns, dass wir uns dadurch zu einer höheren Stufe des Bewusstseins und Daseins aufschwingen können, indem wir die Schwingungen eines höheren Daseinsplanes in uns aufnehmen und unsere eigenen mit ihnen in Einklang bringen, oder mit anderen Worten, indem wir uns anhaltend in eine höhere Stimmung versetzen und darin verbleiben, bis diese Stimmung zu unserer Natur geworden ist. Das Gemüt kann mit einer Harfe verglichen werden, die tiefe, mittlere und hohe Töne hat. So lange wir uns nur in den tiefen Akkorden bewegen, werden diese Akkorde oder auch Misstöne zu unserem eigenen Wesen; steigen wir in unserem Empfinden und Denken, Wollen und Handeln zu einer höheren Stufe empor, so wird unser eigenes Wesen dadurch ein höheres. Es ist aber wohl zu unterscheiden zwischen dem Fluge der Phantasie und dem wirklichen Wachs-

---

*) Alles das wird für den beschränkten Gelehrtenverstand, der keine mystische Begabung hat wenig verständlich sein. Mystische Schriften können nur verstanden werden, wenn sie im mystischen Sinne aufgefasst werden, wozu nicht nur Scharfsinn, sondern auch Geist gehört.

tum. Der Schwärmer verlässt den sicheren Grund, auf dem er steht, und fliegt in die höheren Regionen, wo er keinen bleibenden Aufenthalt findet, sondern bald wieder zur Erde zurückkehren muss; der wahre Baum der Erkenntnis aber wurzelt fest in der Erde, er verlässt nicht den Boden, auf dem er steht, aber seine Zweige erheben sich hoch in die Luft, und sein Gipfel wohnt im Lichte der unvergänglichen Sonne.

Für jeden, der fähig ist, das Schöne, Edle, Wahre und Gute in sich zu empfinden, ist es ein leichtes, sich dieser Empfindung hinzugeben und sich zum Göttlichen zu erheben. Wie aber die Schöpfung ohne das schöpferische Wort »Es werde!« nicht zustande gekommen und nur ein schöner Traum geblieben wäre, so ist auch alles Schwärmen im Reiche des Idealen nichts weiter als eine vorübergehende Schwärmerei, so lange das Ideale nicht in uns selber verwirklicht wird.

Diese Verwirklichung geschieht durch die Tat. Das Wort »Karma« bedeutet »Handlung«. Unser Denken und Empfinden bestimmt unser Sprechen und Handeln. Nicht durch Empfinden und Denken, Wünschen und Wollen, sondern durch unser Tun und Lassen erschaffen wir uns unser eigenes Wesen, und die Art unseres Wesens bestimmt ihrerseits unser Denken und Wollen, unser Lassen und Tun. Unser Karma ist unser eigenes Erzeugnis. Das Resultat unserer Handlungen, und das Produkt unseres Karmas sind unser eigenes Selbst. Wir selbst sind die Kinder unserer Taten, die wir in der Vergangenheit, sei es in diesem oder in einem früheren Leben, begangen haben, und unser jetziges Wollen, Denken und Tun bestimmt die Stellung, die wir unserem Wesen gemäß in der Zukunft, in diesem oder einem zukünftigen Leben auf Erden einnehmen werden.

Wie es in der äußerlichen Natur ein Gravitationsgesetz gibt, demgemäß jeder Körper dort seinen Schwerpunkt hat, wohin er seiner Natur gemäß gehört, so ist auch im Geistigen ein ähnliches Gravitationsgesetz vorhanden, demgemäß schließlich jeder Mensch diejenige Stellung findet, die ihm gebührt. Der Dieb, selbst wenn er in seinem früheren Leben ein Papst oder König gewesen wäre, wird unter Dieben, der Gute unter den Guten wiedergeboren, und selbst in diesem Leben strebt jeder derjenigen Stellung in der Gesellschaft zu, für die er geeignet ist; wenn sich dem auch oft unüberwindliche Hindernisse in den Weg stellen, als Folgen des gesellschaftlichen Karmas, an dem jeder einzelne teilnimmt.

Wer aber den Banden des Karma, die ihn gefangen halten, entrinnen will, der muss dem eigenen persönlichen Selbst mit seinem Selbstwollen und Selbsthandeln entsagen, und indem er ganz in der selbstlosen, göttlichen Liebe aufgeht, nur das empfinden, denken, wollen und tun, was die göttliche Weisheit in ihm will, und wozu ihn ihr Wille bewegt, d. h. sein Denken und Wollen und Handeln muss aus der wahren Erkenntnis »Der Wahrheit« entspringen, und diese Erkenntnis ist keines Menschen Werk, sondern das Produkt der göttlichen Gnade, die jeden Menschen erfüllt, sobald er die Hindernisse überwunden hat, die sich ihrem Eindringen entgegenstellen. Diese Hindernisse aber sind die Irrtümer und Täuschungen, an denen der Mensch festhält, und das Gesetz des Karma oder der Notwendigkeit ist dazu da, um ihn auf dem Wege der Erfahrung durch die Schule des Leidens auf den Weg zur Erkenntnis zu führen. Somit steht hinter dem Gesetze der eisernen Notwendigkeit, das »Auge für Auge und Zahn für Zahn« erheischt, das Gesetz der göttlichen Liebe, das die ganze Welt durch die Kraft der Erkenntnis erlöst.

Nicht Selbstlosigkeit im Nichts, sondern Erhabenheit über das eigene Selbst durch die Kraft der Erkenntnis ist deshalb der Zweck unseres Daseins; nicht ein Verschwinden der Selbstheit im Ganzen ohne dessen Erkenntnis, sondern eine Ausbreitung unserer Daseinssphäre über das Ganze, so dass sie das Ganze umfasst. Da ist von keinem Verluste der Individualität des Einzelnen, sondern von ihrem Wachstume die Rede, so dass sie das Ganze in ihr Bewusstsein aufnimmt und es in ihre Liebe einschließt. Dann erst wird die Erde mit dem Himmel im Einklang sein und selber zum Himmel werden, wenn jeder nicht für sich selbst, sondern für alle lebt. Dann lebt aber auch jeder im anderen und alles in jedem; dann erst kann der Mensch sein wahres Dasein genießen, wenn er in sich selber das Ganze erkennt.